Arena-Taschenbuch
Band 51175

# KARTE DES BARBARENARCHIPELS

WÄHREND DES HEISSESTEN SOMMERS SEIT 100 JAHREN

## DER ALTE MANN IM BRUNNENLOCH

Die Omen *sind* nicht gut, der Vulkan ist erwacht,
die Exterminatoren *schlüpfen aus ihren* Eiern,
und fliegen durch die Träume *eines* alten Mannes,
der glaubt, *es sei* alles *seine* Schuld.
So *sitzt* er nun in einem Brunnenloch, um *seine*
Schuld zu *sühnen*, und um dem Schicksal nicht in
die Quere zu kommen, *so* wie er es einst, vor
VIELEN Jahren, getan hat.
Er wird erst herauskommen, wenn alles vorbei ist,
wenn alles für immer vorbei ist, oder er wird für
*immer verstummen*.

DIE INSEL BERK
IST BEDROHT
WIE KANN MAN
VERHINDERN, DASS EIN
VULKAN AUSBRICHT??

Cressida Cowell

# Drachenzähmen leicht gemacht

## Brandgefährliche Feuerspeier

In der Reihe »Drachenzähmen leicht gemacht« von Cressida Cowell
sind im Arena Verlag erschienen:
Band 1 *Drachenzähmen leicht gemacht*
Band 2 *Drachenzähmen leicht gemacht. Wilde Piraten voraus!*
Band 3 *Drachenzähmen leicht gemacht. Strenggeheimes Drachenflüstern*
Band 4 *Drachenzähmen leicht gemacht. Mörderische Drachenflüche*
Band 5 *Drachenzähmen leicht gemacht. Brandgefährliche Feuerspeier*
Band 6 *Drachenzähmen leicht gemacht. Handbuch für echte Helden*
Band 7 *Drachenzähmen leicht gemacht. Im Auge des Drachensturms*
Band 8 *Drachenzähmen leicht gemacht. Flammendes Drachenherz*
Band 9 *Drachenzähmen leicht gemacht. Jagd um das Drachenerbe*
Band 10 *Drachenzähmen leicht gemacht. Suche nach dem Drachenjuwel*
Band 11 *Drachenzähmen leicht gemacht. Verräterisches Drachenmal*
Band 12 *Drachenzähmen leicht gemacht. Der letzte Drachenkönig*

www.drachenzähmen.de

**Hicks der Hartnäckige vom Hauenstein der Dritte**
war ein Furcht einflößender Schwertkämpfer, ein Drachenflüsterer und überhaupt der größte Wikingerheld, der jemals lebte. Doch seine Memoiren entführen dich in die Zeit, als er noch ein ganz gewöhnlicher Junge war und sich überhaupt nicht vorstellen konnte, dass aus ihm mal ein Held werden würde.

**Cressida Cowell**
verbrachte ihre Kindheit in London sowie auf einer unbewohnten Insel an der schottischen Westküste. Sie war überzeugt, dass es dort nur so vor Drachen wimmelte, und ist seither von ihnen fasziniert. Neben den Aufzeichnungen von Hicks' Memoiren hat sie mehrere Bilderbücher geschrieben und illustriert. Sie lebt mit ihrem Mann und drei Kindern im englischen Hammersmith.

**Clara Vath**
liebte es schon als Kind, bunten und verrückten Fantasiewesen eine Gestalt zu geben. Dass ihr dabei auch der ein oder andere Drache begegnet ist, kam ihr bei der Arbeit an Hicks' Memoiren sehr gelegen. Seit 2012 arbeitet sie als freie Illustratorin für verschiedene Unternehmen.

Cressida Cowell

# DRACHENZÄHMEN
## LEICHT GEMACHT

Brandgefährliche Feuerspeier

Aus dem Englischen
von Anke Knefel

Mit Illustrationen
von Clara Vath

WARNUNG

Sämtliche Bezüge zu
historischen Tatsachen sind
natürlich vollkommen zufällig.
Sag bloß nicht, man hätte DICH
NICHT GEWARNT!

Ein Verlag in der Westermann Gruppe

Ich widme dieses Buch meiner Mutter Marcia

www.blauer-engel.de/uz195
- ressourcenschonend und umweltfreundlich hergestellt
- emissionsarm gedruckt
- hauptsächlich aus Altpapier
MI6
Dieses Druckerzeugnis wurde mit dem Blauen Engel ausgezeichnet.

FSC
www.fsc.org
RECYCLED
Papier aus Recyclingmaterial
FSC® C110508

Die Originalausgabe erschien 2007 unter dem Titel »How to Twist a Dragon's Tale« bei Hodder Children's Books, London.


3. Auflage im Arena-Taschenbuch 2025

Rottendorfer Straße 16, 97074 Würzburg
arena-service@westermanngruppe.de

Aus dem Englischen von Anke Knefel
Einband, Satz und Illustration: Clara Vath
Umschlagtypografie: Sibylle Bader
Gesamtherstellung: Westermann Druck Zwickau GmbH
Gedruckt in Deutschland
ISSN 0518-4002
ISBN 978-3-401-51175-7

Besuche den Arena Verlag im Netz:
*www.arena-verlag.de*

Haudrauf der Stoische
Hicks
Grobian
Fischbein &
Horrorkuh
Berta, die
Prallbusige

Wikingerdrachen
und ihre Merkmale*
Angriff
Geschwindigkeit
Größe
Ungehorsam
Furcht- und Kampffaktor
Kamikazzi
Ohnezahn
Planlos und seine JAGDKANNE
Stinker der Dussel
Rotznase
*Jeder Drache wird mit Punkten von 0-10 bewertet.

# VORWORT
# VON HICKS DEM HARTNÄCKIGEN VOM HAUENSTEIN III., DEM LETZTEN DER GROSSEN WIKINGERHELDEN

Als ich ein kleiner Junge war, gab es noch wahre Helden. Seitdem ist eine halbe Ewigkeit vergangen. So kommt es mir jedenfalls vor, denn jetzt bin ich ein ziemlich alter Mann mit Runzeln im Gesicht und Silberfäden im Haar, und ich kann mir kaum noch vorstellen, dass ich selbst dieser Junge gewesen sein soll. Deshalb werde ich die Geschichte so erzählen, als wäre sie einer anderen, fremden Person passiert.

Dies ist die Geschichte von einem wahren Helden, dem ich begegnet bin, als ich elf Jahre alt war und gerade die gefährlichste aller meiner Heldenprüfungen vor mir lag: Ich musste nämlich einen Vulkanausbruch verhindern, koste es, was es wolle.

Dieser Held war wirklich ein großer berühmter Mann, doch leider hatte er das Heldsein ziemlich satt …

Ich bin ein EXTERMINATOR.
Bin eingesperrt in einem Ei. Ich kann durch die dünne Schale sehen, die ich bald aufbrechen werde. Fünfzehn Jahre schabe und kratze ich jetzt schon an ihr herum. Ich brenne darauf, die Welt da draußen ANZUZÜNDEN. Ich könnte platzen vor Wut. Mein Zorn brodelt und kocht und ist GLÜHEND HEISS ... lange halte ich es hier drin nicht mehr aus ... ihr werdet schon sehen ...

# 1. UNTERRICHT IM RENTIERE-HÜTEN-MIT-DEM-REITDRACHEN

Nie im Leben würde Hicks der Hartnäckige vom Hauenstein der Dritte jenen Tag vergessen, an dem er zum ersten Mal einem Exterminator-Drachen begegnete.

Wie könnte er auch?

Es war eine der furchtbarsten Erfahrungen seines noch jungen, abenteuerlichen Lebens.

Da saß er nun, gefangen inmitten eines Feuerrings, der sich unaufhörlich enger und enger um ihn schloss. Dunkle, katzenhafte Gestalten schlichen durch die Flammen, düstere, schemenhafte Schatten von Exterminator-Drachen. Immer näher kamen sie, umkreisten ihn, wetzten ihre Krallen, bereit zum Sprung …

Moment mal.

Ich sollte die Geschichte wohl besser von Anfang an erzählen.

All dies geschah während einer vollkommen überraschenden Hitzeperiode im August. Überraschend deshalb, weil der August im Land der Wikinger normalerweise eine ziemlich nasskalte Angelegenheit war. Im Laufe jenes Sommers jedoch war es auf einmal immer heißer und heißer geworden, und Alt Faltl, Hicks' Großvater, brabbelte etwas von einem bösen Omen und dass die unerwartete Hitze auf schlimmes Unheil hindeutete.

Denn angeblich sei irgendwo im Westen eine neue furchterregende Drachenbrut erwacht, die Feuersbrunst und Verderben über sie alle bringen würde …

Unglücklicherweise wurden Alt Faltls Weissagungen von niemandem so richtig ernst genommen, weil sich seine Zukunftsvorhersagen meist als nicht besonders verlässlich erwiesen hatten.

An jenem denkwürdigen Tag also brannte die Sonne so erbarmungslos auf die ansonsten eher feuchtschlammige Insel Berk nieder, als wäre sie von ihrem Weg abgekommen und verwechselte das

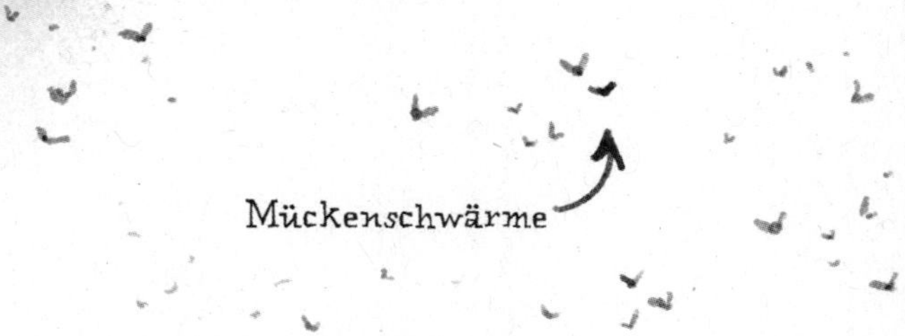


kleine Eiland unter ihr mit Afrika.

Nicht die kleinste Wolke (abgesehen von einem Exterminator-Drachen, den aber niemand beachtete) zeigte sich am Himmel.

Hicks der Hartnäckige vom Hauenstein der Dritte, einziger Sohn von Häuptling Haudrauf dem Stoischen, nahm gerade auf der Insel Berk am Piraten-Trainingsprogramm der Räuberischen Raufbolde teil. An diesem stickigen Sommertag wünschte man sich *eigentlich* nichts sehnlicher, als hechelnd unter einem Baum zu liegen und sich unzählige Trinkhörner angenehm gekühlten Wassers durch die Kehle rinnen zu lassen. Hicks' Kommandant und Lehrer,

Grobian der Rülpser, hatte jedoch entschieden, dass sich das WUNDERBARE windstille Wetter geradezu anbot für eine Trainingseinheit im Rentiere-Hüten-mit-dem-Reitdrachen. Hicks konnte Grobian dem Rülpser in diesem Punkt nicht zustimmen.

Aber Grobian der Rülpser dachte nicht daran, Hicks nach seiner Meinung zu fragen. Der knapp zwei Meter große Berserker war nicht der Typ von Lehrer, mit dem man lange herumdiskutierte.

Also waren die jungen Raufbolde alle am Abhang des Großen Berges, ungefähr auf halber Höhe, brav angetreten. Insgesamt zwölf Schüler standen schweißtriefend und schlaff wie welkes Gemüse in einer schiefen Reihe und schlugen träge nach den Mücken, die sich in der dampfenden Luft in Riesenschwärmen auf ihre Opfer stürzten. Unter ihnen Hicks der Hartnäckige vom Hauenstein der Dritte, der erstaunlicherweise zum Helden dieser Geschichte werden sollte. Denn eigentlich war er ein ganz gewöhnlicher Junge mit leuchtend roten Haaren, die, egal was man mit ihnen anstellte, in sämtliche Himmelsrichtungen senkrecht vom Kopf abstanden. Wie gesagt, wie der geborene Held sah er nicht gerade aus.

Der einzige Junge beim Piraten-Trainingsprogramm der Räuberischen Raufbolde, der *noch weniger* heldenhafte Qualitäten aufwies als Hicks, war dessen bester Freund Fischbein. Er litt unter Asthma, Hautausschlag, X-Beinen und Plattfüßen. Zudem war er kurzsichtig, allergisch gegen alle Arten von Reptilien, Heidekraut und Tierhaare und er konnte nicht schwimmen. Alles in allem erinnerte er stark an eine bebrillte Bohnenstange.

Neben ihm stand Rotznase Rotzgesicht. Ein reizendes Kerlchen – falls man zufällig eine Schwäche für Widerlinge mit tätowiertem Schädel hat, die alles, was sich bewegt und kleiner ist als sie, gnadenlos zur Schnecke machen. Dann war da noch Taubnuss Junior. Ein angenehmer Junge – falls man sich in Gesellschaft potthässlicher Schlägertypen wohlfühlt, die ständig in der Nase bohren und mit einer Axt unter ihrem Kopfkissen schlafen.

Den Schluss bildete Stinker der Dussel, ein massiger Kerl von der Anmut und dem Charme eines Schweins mit Helm, ein wahrer Gorilla, der am meisten schwitzte und einen üblen Geruch verströmte.

Vor diesem Gruselkabinett halbstarker, pickeliger Möchtegern-Helden hatte sich Grobian der Rülpser breitbeinig aufgebaut und brüllte sie in gewohnter Lautstärke gut gelaunt an.

»ALLE MAL HERHÖREN!«, bellte er, während der Schweiß in Strömen über sein krebsrot angelaufenes Gesicht bis in den Bart floss und diesen in einen triefenden, tropischen Urwald verwandelte. »ICH GEHE DAVON AUS, DASS JEDER SEINEN JAGDDRACHEN MITGEBRACHT HAT?«

Alle hatten ihre Jagddrachen mitgebracht. Alle außer

Planlos, der so dumm war, dass man ihm eigentlich hätte verbieten müssen, ohne einen Aufpasser herumzulaufen. Er hatte seine JAGDKANNE dabei, was einfach nicht dasselbe war wie ein Jagddrache.

Die meisten von ihnen waren, so wie ihre Meister, wenig begeistert davon, dass man sie zu diesem Training bestellt hatte. Hechelnd und mit weit heraushängenden Zungen peitschten sie schlecht gelaunt mit ihren Schwänzen die Luft, um sich die Mücken und Fliegen vom Leib zu halten.

Rotznases Drache Feuerwurm, der aussah wie ein flammenroter Rottweiler mit dem Gesicht eines Krokodils, schlängelte sich mürrisch um Rotznases Füße und fragte sich, ob er wohl Ärger bekommen würde, wenn er Grobian einmal ordentlich in seinen fetten haarigen Hintern beißen würde. Wenn er einen ausreichend großen Happen erwischen würde, wäre das Training beendet, bevor es richtig angefangen hatte, und Grobian wäre reif für die Krankenhütte …

Doch dann ließ er, wenn auch widerstrebend, diesen Gedanken wieder fallen, als er einsah, dass er TODSICHER Ärger bekommen würde.

Fischbeins Drache Horrorkuh, der einzige vegetarische Jagddrache, von dem man je gehört hatte, war unterwegs auf den Armen seines Meisters eingeschlafen. Fischbein gab sich alle Mühe, den Kopf des Drachen hochzuhalten, damit es so aussah, als wäre er hellwach und ganz Ohr. Denn nichts hasste Grobian der Rülpser so sehr wie Unaufmerksamkeit während des Unterrichts.

Die übrigen Drachen lungerten lustlos zu Füßen ihrer Meister herum oder hingen schlaff schwebend über ihnen in der Luft und wünschten sich insgeheim weit, weit fort. Hicks' Jagddrache Ohnezahn war mit Abstand der kleinste von allen, ein hellgrüner Gewöhnlicher oder Feld-Drache ungefähr von der Größe eines frechen Dackels oder Jack-Russell-Terriers. Außerdem war er der einzige Drache, der Grobians Begeisterung angesichts der geplanten Expedition teilte. Ungeduldig zappelte er unter Hicks' Weste, verschwand unter seinem Wams und wuselte dort herum, sodass seine kleinen Krallen über Hicks' Bauch kitzelten, bis er dann wieder aus dem Kragen heraus und auf den Kopf seines Meisters krabbelte. Dort thronte er auf dem Helm, breitete seine Flügel aus und stieß ein paar kurze, gereizte Hupgeräusche aus, bevor er seine hektische Krabbeltour fortsetzte.

»Wann f-f-fangen wir an? F-f-fangen wir endlich an?«, zwitscherte Ohnezahn aufgeregt. »Wann geht es los? D-d-darf O-O-Ohnezahn Erster sein? Ich will! Ich! I-i-ich!«

»Entspann dich, Ohnezahn, immer mit der Ruhe!«, schimpfte Hicks, als sich der kleine Drache im Eifer des Gefechts mit seiner Klaue in Hicks' Nasenloch verhedderte. »*Wir sind doch gerade erst hier angekommen.*«*

»ALSO JUNGS, AUFGEPASST!«, schnauzte Grobian. »Rentiere-Hüten funktioniert fast genauso wie Schafe-Hüten, abgesehen davon, dass Rentiere größer sind.«

Planlos meldete sich. »*Welche* sind größer?«

»Schafe sind diese runden, flauschigen Tiere und Rentiere die größeren mit diesen spitzen Dingern auf dem Kopf«, erklärte Fischbein freundlich.

»Danke, Fischbein«, sagte Grobian. »Wo war ich stehen geblieben? Ach ja, mit Unterstützung eurer Jagddrachen werdet ihr jedes Rentier, das versucht, sich von der Herde abzusondern, zurücktreiben. Dabei könnt ihr zeigen, ob ihr eure Lektion im Schafe-Hüten gelernt habt.«

»Ich weiß nicht, wie Hicks der Nutzlose jemals Häuptling dieses Stammes werden will«, feixte Rotznase, »wenn er nicht einmal seine jämmerliche Mikrobe von Drachen unter Kontrolle halten kann. Das hat man ja schon beim Schafe-Hüten gesehen!«

Ohnezahn hatte bei jener Trainingseinheit vollkommen den Kopf verloren. Er hatte die Schafherde alleine HÜTEN wollen und hatte sie am Ende geradewegs in die Drachenlatrinen getrieben. (Hinterher hatte er beteuert, dass es ein Versehen gewesen war, doch Hicks hatte da so seine Zweifel.)

---

* Hicks war der Einzige im Stamm der Räuberischen Raufbolde, der Drachenesisch sprechen konnte, die Sprache der Drachen.

»Aber die Hauptarbeit«, donnerte Grobian weiter, »werdet IHR auf euren REITDRACHEN verrichten ...«

»K-k-kann Ohnezahn Rentiere FRESSEN, wenn er *sie* fängt?«, kreischte Ohnezahn.

»NIEMAND wird hier Rentiere FRESSEN, Ohnezahn!«, zischte Hicks. »Und *jagen* werden wir sie schon gar nicht. Hier geht es ums *Hüten*, nicht ums *Jagen*. Das heißt, wir werden die Rentiere nur *sanft* in die richtige Richtung führen.«

»Oh«, machte Ohnezahn, maßlos enttäuscht.

»... keiner von euch hat bisher einen Drachen geritten«, dröhnte Grobian weiter, »und ihr werdet merken, dass das nicht so leicht ist, wie man denkt. Aus diesem Grund handelt es sich bei den Drachen, die ihr heute reiten werdet, um NOCH NICHT VOLLSTÄNDIG AUSGEWACHSENE. Das bedeutet, dass sie noch nicht kräftig genug sind, um euch durch die Lüfte zu tragen.«

»Aber Kommandant«, maulte Rotznase, »ich dachte, wir würden heute endlich FLIEGEN.«

»Zuerst lernt ihr das Reiten«, wies Grobian ihn zurecht. »Und dann, VIEL SPÄTER, lernt ihr das Fliegen. Wenn du von einem fliegenden Drachen abstürzt, endest du als Wikingermus. Und ich wüsste nicht, wie ich das deinem Vater erklären sollte.«

»Kann O-O-Ohnezahn nicht wenigstens ein ganz klitzekleines Rentierlein fressen?«, fragte Ohnezahn kleinlaut.

»Nein«, zischte Hicks zurück.

»Wir werden uns also AUF unseren Reitdrachen LEISE den Rentieren nähern – kein Gefurze, Stinker –, vorsichtig die Herde einkreisen und ebenso vorsichtig versuchen, sie in Richtung Dorf zu treiben. Irgendwelche Fragen so weit? Ja, Planlos?«

»Welches sind noch mal die runden Flauschigen?« Grobian seufzte.

»Die runden Flauschigen sind die SCHAFE, Planlos, die SCHAFE. Nun denn. Ihr werdet schnell merken, dass die Reitdrachen recht lebhaft sind. Sie sind – WO SIND DIE BIESTER EIGENTLICH?«, fragte Grobian entgeistert. »Sie sollten uns doch folgen.«

»Ich glaube, sie sind da drüben, Kommandant«, sagte Fischbein und zeigte auf einen kleinen knorrigen Baum, der etwas abseits stand.

Die Reitdrachen sahen alles andere als lebhaft aus. Mit weit heraushängenden Zungen, die Köpfe auf den Pranken abgelegt, lungerten sie träge im Schatten des Baumes. Grobian stürmte mit Riesenschritten auf sie los, klatschte in die Hände und schrie: »KOMMT SCHON, HOCH MIT EUCH, IHR SOLLT FURCHTERREGEND AUSSEHEN, UM THORS WILLEN!«

Und während die Reitdrachen sich aufrappelten und sich wie ein Rudel schlecht gelaunter Löwen durch das braune, verdorrte Heidekraut zu ihren Meistern hinüberschleppten, bemerkte Hicks etwas anderes, WAHRHAFT Furchterregendes.

Etwas, das ein kleiner Hinweis dafür war, dass dieser Tag möglicherweise eine unerwartete Wendung nehmen würde.

Der Baum, unter dem die Reitdrachen Schatten gesucht hatten, war nicht nur vollkommen vertrocknet, sondern von oben bis unten schwarz verkohlt. Der Boden um den Baum zeigte eindeutige Brandspuren. Und als Hicks näher heranging und sich die Stelle genauer ansah, stellte er zu seinem Entsetzen fest, dass auch der ganze Abhang dahinter nur noch eine einzige rußgeschwärzte Wüste war.

Wo sich vor Kurzem noch Heidekraut im Wind gewiegt

und es vor Schmetterlingen, Grashüpfern und summenden Nanodrachen nur so gewimmelt hatte, sah man nur noch verkohlte Stoppeln unter grauer Asche, so weit das Auge reichte.

Schuld an dieser Art von Verwüstung war ganz sicher nicht die Sonne, sosehr sie auch vom Himmel brannte. Nein, dafür konnte es nur eine Erklärung geben:

FEUER.

# 2. DIE EXTERMINATOR-DRACHEN

Hicks schluckte. »Oh Mann, oh Mann, oh Mann, oh Mann, oh MANN!«, stöhnte er leise. *»Wie* ist denn *das* passiert?« Man muss wissen, dass Drachen normalerweise immer sehr vorsichtig mit ihrem Feuer umgingen. Sie nutzten es zur Verteidigung und für die Jagd. Aber niemals hätten sie auch nur im Traum daran gedacht, einen ganzen Landstrich abzufackeln, einfach so. Was hätten sie auch davon gehabt? Schließlich lebten sie auf diesem Land. Es gab ihnen Nahrung und Unterschlupf.

*Das* hier musste einer von der »Übelsten Sorte« angerichtet haben, einer Drachenart, die in keiner Weise mit den herkömmlichen Drachen zu vergleichen war.

Hicks wollte lieber nicht daran denken, wie gefährlich ein solches Untier sein könnte.

Er räusperte sich. »Ähm, Kommandant, ich glaube, Ihr solltet Euch das hier mal ansehen … Hier hat es anscheinend ein Drachenfeuer gegeben.«

»Drachenfeuer? Unsinn und Möwendreck!«, schnaubte Grobian und stemmte die Hände in die Hüften, während er einen Blick auf die Verwüstung warf. »Das war bestimmt nur ein Blitzschlag beim letzten Gewitter.«

»Aber wir hatten schon lange kein Gewitter mehr«, gab Hicks zu bedenken und kniete sich in den grauen Staub.

»Seht nur, die Asche hat einen leicht grünlichen

Schimmer. Das kann nur ein Drache von der Übelsten Sorte gewesen sein.«

»*Herzlichen Dank* für die Belehrung«, blaffte Grobian zurück. »Aber der Ausbilder bin immer noch ich! UND JETZT MACH, DASS DU WIEDER AUF DEINEN PLATZ KOMMST!« Hicks reihte sich wieder zwischen den anderen Novizen ein.

Rotznase grinste schadenfroh.

»Kein Drache, von welcher Sorte auch immer, würde es jemals wagen, unsere Raufbold-Bastion hier auf Berk anzugreifen. Das ist ja wohl die ABERWITZIGSTE, LÄCHERLICHSTE, ABSURDESTE Idee, die man je gehört hat«, röhrte Grobian. »AUFSITZEN! Aber ein bisschen PLÖTZLICH, wenn ich bitten darf!«

Warzenschwein kletterte auf seinen Sumpftiger. Rotznase Rotzgesicht hatte sich natürlich mal wieder den besten unter den Reitdrachen ausgesucht, einen leichtgängigen, böse aussehenden Teufelsbraten.

Taubnuss Junior hatte einen schnittigen Blitzschlitzer mit Rallye-Streifen an den Flanken ergattert.

»Hicks der Nutzlose und seine fischbeinige Missgeburt von Freund sind eine Schande für uns alle, Kommandant«, meckerte Rotznase. »Seht Euch nur ihre lächerlichen Reitdrachen an. Sie entehren den gesamten Stamm der Räuberischen Raufbolde!«

Fischbein und Hicks saßen auf den kümmerlichsten aller Reitdrachen, einem hässlichen, schlecht gelaunten kleinen Windpockler, dessen rundlicher Bauch fast auf dem Boden schleifte, und einem verstört dreinblickenden, nervösen Espenlaubler, der deutlich lahmte.

Als Sohn des Stammeshäuptlings hatte Hicks einige Tage zuvor als Erster seinen Reitdrachen in den Drachenställen aussuchen dürfen. Er hätte sich ohne Weiteres den Teufelsbraten schnappen können, auf dem Rotznase jetzt selbstgefällig thronte, ein prächtiges Tier von edler, muskulöser Gestalt, aus dem eines Tages ein herrlicher Drache werden würde.

Doch irgendetwas an dem armen, nervösen Espenlaubler-Drachen hatte Hicks unwiderstehlich angezogen: Er wusste, dass niemand anderes ihn auswählen würde.

Und irgendwie hatte er das Gefühl, dass dem verschreckten, geduckt vor ihm auf und ab humpelnden Tier etwas Furchtbares zugestoßen sein musste. Die Spuren an seinen Beinen verrieten, dass er vor Kurzem noch angekettet gewesen sein musste.

»Den würde ich an deiner Stelle nicht nehmen«, hatte Heini Hirnlos ihm geraten, der für die Drachenställe zuständig war. »DEN haben wir bei einem Raubzug in Westgrobianien aufgegabelt. Hatte sich in einem Baum verfangen. Vermutlich ist er aus den Goldminen der Lavabolde geflohen und aus solchen Flüchtlingen sind noch nie brauchbare Reitdrachen geworden. Wenn man ihm einen Gefallen tun wollte, sollte man ihm einmal ordentlich auf den Schädel hauen und die Sache wäre erledigt …«

Also hatte Hicks sich für den hinkenden Espenlaubler entschieden. Fischbein und Hicks waren nicht sonderlich davon überzeugt, dass der Brand durch einen Blitzschlag ausgelöst worden war. Doch es hatte keinen Sinn, sich mit Grobian herumzustreiten, wenn er in dieser Stimmung war. Also stiegen sie widerstrebend auf ihre Reitdrachen. Fischbeins Windpockler schnaubte wütend, scharrte mit den Vorderläufen und warf Fischbein in hohem Bogen ab, noch bevor er sich hinsetzen konnte.

»Na toll!!«, sagte Fischbein düster, während er einen zweiten Anlauf machte, der genauso endete wie der erste, nur noch schneller. »Ich weiß jetzt schon, dass Drachenreiten mein Lieblingssport werden wird …«

*»Ich* werde auf meinem eigenen Drachen vorausreiten!«, schrie Grobian.

Grobians Drache war ein riesiger, verwarzter Bullenwalzer, der auf den Namen Goliath hörte. Er ging leicht in die Knie, als Grobian sich gewichtig auf seinen Rücken plumpsen ließ.

»Bei Thors Brusthaar …«, grummelte Goliath. »Sein Hintern ist tatsächlich noch fetter als letzte Woche. Da muss schon ein Wunder geschehen, damit ich überhaupt in die Luft abheben kann …«

»HOSSA!«, brüllte Grobian und presste seine Oberschenkel schraubstockartig in Goliaths Flanken.

Und der Rentiere-hüten-mit-dem-Reitdrachen-Trupp setzte sich über die versengten Heidestoppeln hinweg in Bewegung, mit einem begeistert brüllenden Grobian an der Spitze, seine Schüler in deutlich gemächlicherer Manier dahinter.

Hicks' Espenlaubler-Drache weigerte sich standhaft, den anderen zu folgen. Er zitterte am ganzen Körper, starrte wie gebannt zum Himmel und schien vor Angst seine Sprache verloren zu haben, sodass Hicks ihn nicht fragen konnte, was ihn dermaßen beunruhigte.

»Es ist alles Ordnung, mein Junge«, redete Hicks beruhigend auf ihn ein, während ihn selbst der Mut verließ. »Was ist los mit dir? Es ist so ein herrlicher Tag, wovor hast du solche Angst?« Der Espenlaubler konnte es ihm nicht sagen, aber man verstand auch so, dass er vor IRGENDETWAS panische Angst hatte.

»St-st-stell dich nicht so an!«, plärrte Ohnezahn ungehalten. Er war nicht unbedingt von der mitfühlenden Sorte. »Sonst w-w-werden die anderen gleich alle GEWINNEN!«

»Hier wird NIEMAND gewinnen, Ohnezahn«, sagte Hicks und brachte den Espenlaubler mit Engelsgeduld dazu, sich in Bewegung zu setzen und die anderen einzuholen. »Rentiere-Hüten hat nichts mit Wettkampf zu tun.«

»Okay. Ohnezahn wird den Rentieren nur ein bisschen Angst machen ... das h-h-hält sie auf Trab ...«, sagte Ohnezahn.

Nach ungefähr einer Stunde hatte Grobian, der auf Goliath ein Stück vorausgeflogen war, unter sich die friedlich am Heidekraut knabbernde Rentierherde erspäht. Sofort machte er kehrt und flog zurück zu seinen in Reih und Glied auf ihren Reitdrachen dahinzockelnden Schülern.

»Psst, ich habe die Rentiere gesehen«, sagte Grobian leiser, als man es sonst von ihm gewohnt war. »Wir müssen jetzt ganz ruhig und geordnet bleiben. Auf keinen

Fall dürfen wir sie erschrecken, sonst treiben wir die ganze Herde auseinander. Haltet eure Jagddrachen im Zaum! Das gilt besonders für dich, Hicks. Dass du mir nicht wieder die Kontrolle über Ohnezahn verlierst! Ich will so einen Schafe-in-Drachenlatrinen-Zwischenfall nicht noch einmal erleben! Verstanden?«

»Ja, Kommandant. Hast du das gehört, Ohnezahn?«, zischte Hicks streng. »Du wirst schön ruhig bleiben, hörst du?«

Ohnezahn kam über Hicks' Schultern gekrochen, sah ihm mit treuherzigem Blick tief in die Augen und nickte eifrig.

»Ohhhh, na klar, O-O-Ohnezahn wird *s-s-sehr* ruhig *sein*, na klar.« Hicks zwinkerte. Drachenaugen wirken hypnotisierend und er merkte bereits, wie ihm leicht schwindelig wurde.

»Versprochen?«, flüsterte Hicks.

»O-O-Ohnezahn verspricht *es*. Versprochen heißt niemals gebrochen ...« Und er leckte Hicks mit seiner kleinen gespaltenen Zunge über die Nase.

Trotzdem hielt Hicks den kleinen Drachenkörper fest im Griff. Sicher ist sicher.

Zu Ohnezahns Entlastung sei gesagt, dass er wirklich ALLES tat, um sein Versprechen zu halten. Er drehte sich auf Hicks' Schulter um, sodass er die Rentiere nicht sehen konnte und gar nicht erst in Versuchung kam, sich auf sie zu stürzen. Er summte vor sich hin und bemühte sich, an etwas ANDERES zu denken als an Rentiere – Mäuse, zum Beispiel, und Fische und andere interessante Tiere, Paarhufer … MIST … schon wieder war er bei Rentieren.

Die Jungen auf den Reitdrachen verfielen alle in einen langsamen Trab. Ihre Jagddrachen schwebten dicht hinter ihnen ruhig in der Luft. »Diese Schafe haben alle kleine spitze Dinger auf dem Kopf«, stellte Planlos fest.

»Das kommt daher, dass diese Schafe RENTIERE sind, Planlos! Thor steh mir bei«, stöhnte Grobian. »Ruhe dahinten … Keine plötzlichen Bewegungen … Fischbein, bitte versuch, richtig herum zu sitzen … Wir müssen uns nur sehr, sehr ruhig verhalten …«

Ohnezahn konnte der Versuchung nicht länger widerstehen … er warf einen verstohlenen Blick über die Schulter. Da waren sie, die Rentiere, große, fette, faszinierende Tiere, die friedlich vor sich hin dösten … Wie es wohl wäre, wenn er sie ein kleines bisschen wecken würde?

»Ohnezahn!«, zischte Hicks warnend.

Eilig drehte Ohnezahn sich wieder um und sah in eine andere Richtung.

»So ist's recht, Jungs«, lobte Grobian. »Ihr macht das genau richtig … sie haben sich überhaupt nicht gerührt … jetzt brauchen wir nur noch ein paar Minuten ruhig und leise weiterzureiten und schon –«

»O-O-OHNEZAHN WILL ERSTER SEIN!«

Ohnezahn, unfähig sich auch nur eine Sekunde länger zu beherrschen, kniff mit seinen scharfen kleinen Gaumen einmal kräftig in Hicks' Finger, um sich aus dessen Griff zu befreien, und raste im Sturzflug auf die Herde zu. Dabei stieß er ein markerschütterndes, gespenstisches Kriegsgeheul aus.

»Um Thors willen!« Hicks schnappte vor Schmerz und Schreck nach Luft.

»WAS IN WOTANS NAMEN TREIBT DEIN DRACHE DA, HICKS? KANNST DU IHN NICHT BÄNDIGEN? PFEIF IHN ZURÜCK, ABER SOFORT, DIES IST EIN BEFEHL!!!«, zischte Grobian ihm zu und erstickte beinahe vor Wut. »HALT IHN AUF!«

»Jawohl, Kommandant, sofort, Kommandant«, stöhnte Hicks und trieb seinen Espenlaubler an, um hinter dem kleinen verrückten Drachen herzujagen.

»OHNEZAHN!! HA-A-A-LT!!« Flüsternd zu schreien, war gar nicht so einfach.

Ohnezahn schnalzte kräftig mit seinem Schwanz und stellte seine Flügel auf »Sturzflug«. Was bedeutete, dass er beim Fliegen annähernd Schallgeschwindigkeit erreichte. Praktischerweise drangen dadurch auch Hicks' Schreie nicht zu ihm.

*Ohnezahn will die Rentiere nur HÜTEN*, redete Ohnezahn sich ein, während er durch die Lüfte schoss, *nur ein kleines bisschen hüten ... sie mögen das, siehst du, sie lächeln ...*

ATTACKE

Erfreut stellte er fest, dass die dummen Rentiere anfingen davonzulaufen.

»A-A-ATTACKE!!!!!!«, kreischte Ohnezahn fröhlich.

»Bei Thors Rüstgürtel! Na, herzlichen Glückwunsch«, knurrte Grobian und trieb Goliath mit hartem Schenkeldruck an, »die Rentiere geraten in Panik …«

Als Grobian vorpreschte, trieben seine Schüler natürlich auch ihre Drachen an und in null Komma nichts war es mit der Ruhe beim Rentiere-Hüten vorbei. Es war das klassische Bild einer wilden urzeitlichen Jagdszene: Zwölf junge Krieger galoppierten auf zwölf Drachen über die Heide. Allen voran flog hoch in der Luft, schimpfend und schreiend wie ein Wahnsinniger, Grobian der Rülpser. Und noch vor ihm

schwärmten die kreischenden Jagddrachen aus – wie eine Meute blutrünstiger Jagdhunde.

»NACH LINKS, HICKS, IMMER LIIIIINKS HALTEN!«, brüllte Grobian hinter ihm her, als Hicks auf seinem kopflos durchgehenden Espenlaubler-Drachen in der Ferne verschwand.

»Halt! Hoh! Links!«, schrie Hicks verzweifelt, während der Espenlaubler auf seinen drei Beinen wild schwankend wie eine tollwütige, zerrupfte Saatkrähe blindlings drauflosrannte.

Unter wildem Gejohle schlug Ohnezahn wie ein kleiner Kugelblitz mitten in die dreihundertsechzig Tiere starke Rentierherde ein – was einen ähnlichen Effekt hatte wie die Spieleröffnung beim Billard, wenn die weiße Kugel direkt auf das Dreieck der bunten Kugeln knallt.

Alle dreihundertsechzig Rentiere stoben in dreihundertsechzig verschiedene Richtungen auseinander und verteilten sich im Dreihundertsechzig-Grad-Radius einmal über die gesamte Insel.

»KIKE-RI-KIIII!!!«, krähte Ohnezahn triumphierend. »G-u-ute Arbeit, Ohnezahn!«

Dann vollführte er drei Siegessaltos hintereinander.

»St-st-stellt euch dem Kampf, ihr komischen Kühe-mit-B-b-bäumen-auf-den-Köpfen!«, brüllte er den Rentieren höhnisch hinterher, von denen bereits nur noch die Hinterteile zu sehen waren.

Hicks kam auf seinem Espenlaubler herbeigehetzt und bremste abrupt ab.

»Zu spät!«, jubelte Ohnezahn. »L-l-lahme Ente! H-h-hast du das gesehen? O-o-ohnezahn hat sie gekriegt, ALLE auf einen St-st-streich! Ohnezahn ist ein G-G-Genie, Ohnezahn hat gewonnen, Ohnezahn ist ...«

»Ohnezahn war SEHR UNARTIG«, fiel ihm Hicks streng ins Wort. »Ich habe gesagt, du sollst ruhig bleiben, Ohnezahn. Ich habe dir verboten, die Rentiere zu jagen, ERINNERST DU DICH?«

Ooooh, ja ... Jetzt fiel es Ohnezahn wieder ein. Zerknirscht kniff er den Schwanz ein.

»Ohnezahn wollte doch nur h-h-hüten ...«, sagte er kleinlaut.

»HÜTEN nennst du das?«, schimpfte Hicks. »Das war eindeutig JAGEN!«

Grobian war, gelinde gesagt, alles andere als erfreut.

»HICKS war so nett, uns allen vorzuführen, wie man Rentiere NICHT hüten sollte«, donnerte er. »Das war genau das GEGENTEIL von dem, was ihr tun solltet. ALSO SCHÖN. Fangen wir noch einmal GANZ von vorne an.«

»Oh Mann, Hicks, musste das sein!?«, stöhnten seine Mitschüler. Wenn Blicke töten könnten, wäre er auf der Stelle tot umgefallen.

»Hicks hat nur wieder mal bewiesen, dass er absolut NUTZLOS ist«, schnaubte Rotznase triumphierend.

Das änderte nichts daran, dass den jungen Helden noch ein paar anstrengende Stunden bevorstanden.

Schon nach kurzer Zeit beschwerte sich Ohnezahn über die Hitze. Er hatte Hunger und war völlig erschöpft. Gegen Nachmittag verdichteten sich auch die Wolken der bissigen Mückenschwärme und Ohnezahn verkroch sich unter Hicks' Helm, wo er die ganze Zeit echoartig vor sich hin jammerte.

»Ohnezahn will nach Hause ... macht keinen S-S-Spaß mehr ...« Irgendwann im Laufe des Tages fanden sich die Rentiere wieder zu größeren Gruppen zusammen. Und die Jungen hatten auch bald den Bogen raus, wie sie mit den Jagddrachen umgehen mussten, um die Rentiere in die gewünschte Richtung zu treiben. Sie entwickelten sich immer mehr zu professionellen Viehtreibern und waren mächtig stolz auf sich.

Der bockige kleine Windpockler warf Fischbein zum fünfzehnten Mal ab …

Fischbein war schon seit mehr als einer halben Stunde nicht mehr von seinem Windpockler abgeworfen worden. Eben war es ihnen gelungen, eine Gruppe von mindestens sechzehn Rentieren zusammenzuhalten, die sie nun ziemlich routiniert den Abhang hinunter zum Ufer leiteten. Von hinten trieben Warzenschweini, Planlos und Taubnuss Junior die Herde mit lautem Geschrei, Gejohle und Händeklatschen an. Die anderen Jungen hatten sich in Halbkreisen rechts und links auf die Seiten verteilt und hielten so die Gruppe der Rentiere auf dem vorgesehenen Weg.

Als ein großer Hirsch Anstalten machte, aus der Gruppe auszubrechen, pfiff Rotznase Feuerwurm herbei. Der Drache schwang sich mit ausgefahrenen Krallen herab und stieß ein paar drohende Rauchwolken aus, sodass der Hirsch kehrtmachte und sich wieder zu seiner Gruppe gesellte.

Welch ein Leben! Sie wünschten alle, ihre Väter hätten sie jetzt sehen können.

Hicks ritt lässig dahin, freihändig lenkte er seinen Espenlaubler-Drachen und kam sich sehr erwachsen vor.

Wie ein glänzender brauner Fluss strömten die Rentiere den Abhang hinunter, in einer einzigen wunderbar fließenden Bewegung. Sie überquerten ein kleines ausgetrocknetes Flussbett und weiter ging es, abwärts in den Wald hinein, leichtfüßig und entspannt …

Dann PLÖTZLICH bäumte sich das Leittier erschrocken auf, als der Wald auf einmal lichterloh brannte. Wie auf Knopfdruck schlugen vor ihnen in einer langen Linie die Flammen hoch.

Die Rentiere brüllten vor Angst und Entsetzen, und in einem wilden Durcheinander aus Hufen und Geweih setzten die kräftigsten unter ihnen in hohen Sprüngen über die Feuerlinie und stoben mit geblähten Nüstern den Hang hinunter.

Die schwächeren Tiere und die jungen Wikinger hatten nicht so viel Glück.

Bis sie das Feuer erreicht hatten, loderten die Flammen vor ihnen bereits bis zu drei Meter hoch.

»Schnell!«, brüllte Grobian. »Runter ans Ufer! Rennt um die Flammen herum und hinunter zum Ufer!« Doch es war bereits zu spät.

Vor Hicks' Augen breitete sich die Feuerfront über die ganze Landschaft aus, schneller, als ein Mensch rennen konnte.

Und dann erblickte Hicks etwas wahrhaft Entsetzliches. Etwas, vor dem er sich schon die ganze Zeit gefürchtet hatte. Ihm sträubte sich jedes Nackenhaar einzeln wie die Stacheln eines Seeigels.

Etwas Schwarzes raste dort durch die Bäume und dieses Etwas hatte soeben die Welt in Flammen gesetzt.

Es ging alles so schnell, dass Hicks immer nur einen kurzen Blick erhaschen konnte: Große schwarze Wesen von der Gestalt geflügelter Panther sprangen dort geduckt durch den brennenden Wald.

# 3. DIE FEUERFALLE

Nur Grobians Drache wäre groß und kräftig genug gewesen, um seinen Reiter über die Flammen und in Sicherheit zu fliegen.

Aber natürlich kam es für Grobian nicht infrage, seine Schüler im Stich zu lassen, deren Reitdrachen allesamt noch ZU SCHWACHE Flügel hatten, um abzuheben.

Sie machten zwar alle ein paar verzweifelte Versuche, doch nur Rotznases Teufelsbraten gelang es, unter Aufbietung all seiner Kräfte einmal kurz abzuheben, bevor er wieder unsanft auf die Erde plumpste.

Also galoppierten die jungen Helden an der Feuerfront entlang und hofften, irgendwo eine Stelle zu finden, wo sie noch über die Flammen springen konnten.

Doch das Holz war knochentrocken und in Windeseile fraß sich das Feuer weiter. Es begann, einen Kreis um sie zu schließen, und zwang sie zum Rückzug. Stück für Stück trieb es sie wieder den Berg hinauf – so wie sie eben noch die Rentiere zusammengetrieben hatten.

Die Hirten wurden zur Herde.

Die beiden Enden der Feuerfront trafen sich und der Kreis war geschlossen. Jetzt saßen sie auf der Bergspitze in der Falle.

Fast gleichzeitig zogen die Jungen ihre Schwerter.

Selbst der dümmste unter ihnen hatte begriffen, dass es sich hier um einen Angriff handelte.

Die Drachen hatten natürlich keine Angst vor den FLAMMEN, denn Drachenhaut ist einigermaßen feuerfest* und die meisten Drachen spielen im Feuer wie Delfine im Wasser.

Was den Drachen allerdings überhaupt nicht gefiel, waren diese schwarzen Schatten, die im INNERN des Feuers herumschlichen.

* Manchmal auch absolut feuerfest, je nach Drachenart.

Ängstlich schnaubend und mit aufgestellten Nackenstacheln wichen die Reitdrachen zurück. Hastig sprangen die Jungen ab, ehe die Drachen panisch die Flucht ergreifen und samt ihrer Reiter mitten ins Inferno hineinspringen konnten. Denn auch der gehorsamste Drache folgt seinem Meister nur bis zu einem gewissen Punkt und bei Lebensgefahr würde er nie auf die Idee kommen, zu bleiben und einen Kampf zu riskieren.

Und so war es auch: Sobald sie ihre Reiter los waren, flogen die Drachen auf und davon. Hicks sackte das Herz

noch weiter in die Hose, wusste er doch, dass Drachen einen untrüglichen Instinkt für tödliche Gefahren haben. Als Erstes suchten alle Reitdrachen, einer nach dem anderen, das Weite: der Teufelsbraten, der Sumpftiger, der Blitzschlitzer und – missmutig schnaubend wie ein störrisches Shetlandpony – auch der Windpockler.

Ebenso die Jagddrachen: Feuerwurm (Rotznases Riesenhafter Albtraum), Seeschlampe, Horrorkuh, Gabelschwanz, Schlangenherz, Schlammbrummer.

Bis nur noch Goliath übrig blieb. Und Hicks' Espenlaubler.

Was ziemlich erstaunlich war, zumal er schon den ganzen Nachmittag so nervös gewirkt hatte, als wollte er vor irgendetwas davonlaufen. Jetzt, wo es *tatsächlich* einen Grund gab zu fliehen, wich der Espenlaubler keinen Zentimeter von Hicks' Seite, unruhig zuckend, mit zitternden Flügeln und ständig über die Schulter nach hinten schauend.

Ohnezahn, der nicht mitbekommen hatte, was um sie herum passierte, saß immer noch versteckt unter Hicks' Helm. Nur sein ununterbrochenes Gemaule drang gedämpft durch das Metall. »W-w-weiß gar nicht, warum wir überhaupt hier *sind* ... v-v-viel zu viele M-M-Mücken ... Ohnezahn zu Tode gestochen ... Ohnezahn Durst ... Ohnezahn Hunger ... m-m-müsste längst *im* Bett *sein*, aber n-n-niemand denkt an armen d-d-durstigen Ohnezahn, oh nein ... *sind* alle so s-s-selbstsüchtig, k-k-kümmern sich nur um ihre eigenen b-b-blöden Probleme ...«

Wie die Kaninchen vor der Schlange starrten die Wikinger in die Flammen und hinauf zu den Rauchschwaden am Himmel. Wie gelähmt warteten sie auf den ersten Angriff.

Es dauerte nicht lange, da ertönte hinter ihnen ein erstickter Schrei. Sie wirbelten herum und sahen gerade noch, wie ein Rentier tot zu Boden sackte. Eine lange Wunde wie von einem Schwert klaffte an der Kehle.

»Was war das?«, fragte Fischbein mit zittriger Stimme. Aber niemand konnte ihm antworten, denn es war so blitzartig passiert, dass eigentlich keiner etwas gesehen hatte.

»Ich glaube«, flüsterte Planlos, »es war etwas Schwarzes, ein Drache vielleicht. Er kam aus den Flammen geschossen, hat das Rentier getötet und ist sofort wieder zurückgesprungen ...«

Danach herrschte Totenstille. Niemand wagte, sich zu rühren. Mit vor Schreck geweiteten Augen starrten die Jungen abwechselnd von rechts nach links in die Rauchschwaden. Verzweifelt versuchten sie zu erkennen, von welcher Seite der nächste Angriff kommen würde.

Der Angstschweiß trat Hicks aus allen Poren. Das Schwert drohte ihm aus der Hand zu rutschen, hastig wischte er die linke Hand an seiner Weste ab.

Da – wieder ließ der klägliche Schrei eines Rentiers

die Jungen herumfahren. Wieder war das Tier bereits tot, nur dass es dieses Mal am Kopf und direkt ins Herz getroffen war.

»ALSO GUT«, sagte Grobian, »wir müssen dieses Gebiet räumen, und zwar JETZT.«

»Wie viele von uns kannst du gleichzeitig auf deinen Rücken nehmen, Goliath?«, fragte Hicks.

»Zwei, schätze ich«, grunzte der große Bullenwalzer. »Einen, wenn er so fett ist wie der da.« Er zeigte mit dem Flügel auf Stinker den Dussel.

»Er sagt, er kann zwei von uns auf einmal tragen«, berichtete Hicks Grobian.

Ausnahmsweise handelte sich Hicks keinen Rüffel ein, weil er Drachenesisch gesprochen hatte.

»Fischbein und Fausti, aufsitzen!«, ordnete Grobian an. Die beiden Jungen krabbelten auf Goliaths breiten Rücken. Der große Reitdrache breitete seine Flügel aus, hob ab und schwang sich hoch über die Flammen, hinaus aus der Feuerfalle.

Die zurückbleibenden Wikinger mussten aufpassen, dass sie nicht den tödlichen Hufen und den Geweihspitzen der aufgeschreckten Rentiere in die Quere kamen. Die verängstigten Tiere galoppierten laut brüllend und kopflos in dem engen Kreis herum.

Dann herrschte erneut Totenstille und die angstvollen Blicke der Jungen wanderten wieder gebannt an dem Feuerring hin und her.

Bildete Hicks es sich nur ein oder hatte sich der Ring noch enger um sie geschlossen?

Bis Goliath zurückkehrte, waren die Flammen tatsächlich ein gutes Stück näher gerückt, sodass der Kreis, in dem sie standen, langsam, aber stetig immer kleiner wurde.

»Rotznase und Warzenschweini, ihr seid die Nächsten«, rief Grobian der Rülpser.

Fünf Mal flog Goliath über das Flammenmeer, jedes Mal mit zwei jungen Wikingern auf dem Rücken. Beim sechsten Mal konnte er nur Stinker den Dussel mitnehmen. Mittlerweile loderten die Flammen um sie herum vier Mal so hoch wie ein Baum. Es waren furchtbare Feuersäulen, die sich so nah herangeschoben hatten, dass Hicks die Augen tränten und seine Wangen vor Hitze brannten.

»Bin müde«, jammerte Ohnezahn unter Hicks' Helm. Er hatte immer noch nicht gemerkt, was draußen vor sich ging. »W-w-will endlich nach H-H-Hause!«

»Ich denke, du solltest jetzt nach Hause fliegen, Ohnezahn, solange du noch kannst«, sagte Hicks und versuchte, seinen Helm zu lüften. Doch Ohnezahn hielt ihn mit seinen kleinen kräftigen Klauen fest und quiekte beleidigt: »G-g-geh weg, g-g-gemeiner Kerl, viel zu viele Mücken da draußen für Ohnezahn, fressen Ohnezahn auf, wenn er da rausgeht!«

»Komm schon, Goliath, komm schon, alter Junge«,

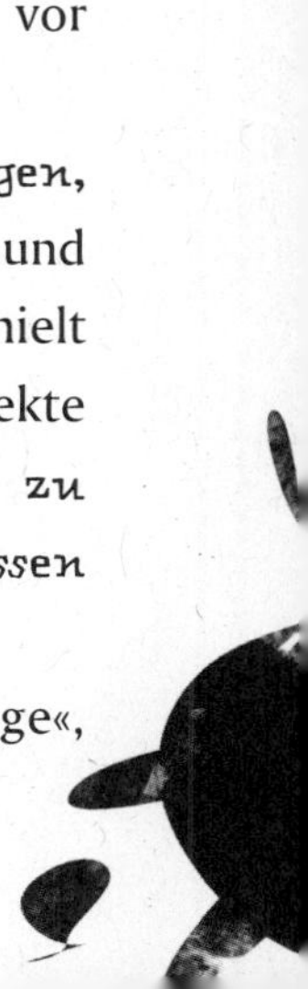

murmelte Grobian vor sich hin. »Komm schon, du FAULTIER von einem Reptil, leg mal 'nen Zahn zu, sonst verschmoren wir hier noch zu Wikingerfrikadellen ... Na endlich, da ist er ja, Thor sei Dank!«

Das mächtige Tier schwang sich aus den Flammen hinauf zu dem jämmerlichen Rest von Bergspitze, auf der der junge Wikinger und sein Ausbilder kauerten. Der Drache des Jungen, der Espenlaubler, hockte mit ausgebreiteten Flügeln zwischen ihnen, um sie vor der Hitze der Flammen zu schützen.

»Los geht's, mein Junge«, brummte Grobian, als er Hicks auf den Rücken des mächtigen Drachen half. Er schenkte dem Jungen ein schiefes Lächeln und einen halbherzigen Raufboldgruß.

»Wir sehen uns drüben«, sagte Grobian der Rülpser betont fröhlich zum Abschied – als wüsste er nicht genau, dass Goliath möglicherweise nicht genug Zeit bleiben würde, um zurückzukommen und seinen Meister ebenfalls zu retten.

*Das* nennt man einen wahren Wikingerhelden.

Wenn der Tod nur wenige Meter und Minuten von ihm entfernt züngelte und loderte, hatte vielleicht sogar ein ganzer Kerl wie Grobian der Rülpser eine Heidenangst. Doch natürlich hätte er es sich niemals anmerken lassen, sondern pfiff fröhlich vor sich hin und versetzte Goliath einen aufmunternden Klaps aufs Hinterteil. »Ab mit dir, du lausiges Möchtegern-Krokodil!«, röhrte er.

»Dann geh aus dem Weg, walrossgesichtiger Wabbelpudding!«, schnaubte Goliath zurück. Der riesige Bullenwalzer spreizte die Flügel und ging in Startposition.

Niemand sah den schwarzen Schatten, der aus dem Feuer herangeschlichen kam. Ein kurzes metallisches Aufblitzen, dann schien eine Silberklinge auf Goliath zuzuschnellen und wurde blitzartig wieder zurückgerissen.

So schnell ging das. Schneller, als man gucken konnte. Der mächtige Drache mit dem breiten, fassförmigen Brustkorb brüllte einmal laut auf, machte zwei Schritte nach vorn … dann sank er auf die Knie und kippte zur Seite. Ohne einen Laut von sich zu geben, schloss er nur ein letztes Mal, sanft wie ein müdes Baby, die Augen.

»Goliath!«, schrie Grobian fassungslos und versuchte, den schweren büffelartigen Schädel auf seine nackten Arme zu betten. »Was tust du da, du dummes Vieh? Du kannst doch jetzt nicht schlafen?«

»Er schläft nicht«, sagte Hicks, der noch immer zwischen den Rückenstacheln des Bullenwalzers saß. Er deutete auf die schreckliche grüne Wunde auf Goliaths Brust. »Ich fürchte, er ist tot, Kommandant.«

Dann saßen Hicks und sein Ausbilder nur noch schweigend da und warteten, dass das Feuer sie verschlang. Hoch aufzüngelnd umschloss das Flammenmeer das winzige Fleckchen, das noch von der Bergspitze übrig war. Ein schwacher Windhauch hätte gereicht, um das Inferno über ihnen zusammenschlagen zu lassen und sie in einem einzigen Atemzug auszulöschen.

Aber vielleicht wäre es am Ende gar nicht das Feuer, das sie umbringen würde.

Jetzt, wo sein Sieg sicher schien, wo das Ende so nah war, machte sich der Feind, der sich bislang im Feuer versteckt hatte, für seinen Auftritt bereit, um ihnen genüsslich den Todesstoß zu versetzen.

*Dort im Feuer bewegte sich etwas.*

Pantherähnliche Schatten schlichen durch die Flammen, krochen um sie herum, trieben sie in die Enge und belauerten sie wie eine Katze die Maus.

# 4. DER KAMPF

Runde um Runde umkreisten die Schattenwesen sie, enger und enger zogen sie ihre Schlinge, knurrten zufrieden und genossen ihren Sieg. Bis eins der Wesen plötzlich seinen Kopf durch die Flammen streckte.

Es war eine Art Drache, aber weder Hicks noch Grobian waren bisher einem so grauenhaften Untier begegnet. Es sah aus, als wäre es von einer sehr, sehr schlecht gelaunten Gottheit geschaffen worden.

Grelle Flammen leckten rauchend aus seinen blutrot geäderten Augäpfeln, aus der Stirn und aus den Nasenlöchern. Unter seiner fast durchscheinenden Haut sah man schwarze Adern, die an den Schläfen bedrohlich hervortraten wie ein dickes pulsierendes Spinnennetz.

Das Untier riss eine seiner Pranken hoch und …

*ZING! ZING! ZING! ZING!*

… schossen vier messerscharfe, weiß glühende Krallen aus den Spitzen seiner stummeligen Reptilienfinger, jede so lang und breit wie ein Schwert.

Schwarzer Speichel tropfte von seinen Kiefern. Grünliche Flammen züngelten an den Krallen entlang. Das Drachenwesen duckte sich mit offenem Maul tief ins Feuer, bereit, Hicks anzuspringen, und …

… und ein Ausdruck grenzenlosen Erstaunens machte sich auf seiner Fratze breit.

Dann verschwand es so blitzartig wieder im Feuer, wie es herausgekommen war. Denn eine weitere furchterregende Gestalt war dem Flammenmeer entsprungen: ein strahlend weißer Drache mit einem einzelnen Horn auf der Stirn, der sich mit majestätisch ausgebreiteten Schwingen vor ihnen aufbäumte. Auf seinem Rücken saß ein riesenhafter MENSCH, der in jeder Hand ein Schwert hielt.

Aber welcher MENSCH konnte unbeschadet mitten durch ein Feuer reiten?

*Vielleicht,* dachte Hicks, *sind wir doch längst tot und in*

*Walhalla angekommen und das dort ist Thor oder Wotan, der uns zur Begrüßung entgegenreitet.*

Die schwarzen Drachen hatten sich zunächst erschrocken zurückgezogen, doch jetzt formierten sie sich unter scheußlichem Gefauche zum Angriff. Vor Hicks' und Grobians ungläubigen Augen entbrannte mitten im Flammenmeer ein schrecklicher Kampf.

Ein Kampf, wie ihn Hicks noch nie in seinem Leben gesehen hatte.

Es war halb Drachenkampf, halb Schwertkampf. Allein was die Anzahl der Klingen betraf, stand es vier zu eins gegen den Krieger auf dem Weißen Drachen.

Hicks hatte niemanden je so kämpfen sehen wie diesen Mann. Die schwarzen Drachen benutzten ihre Krallen wie Schwerter. Von allen Seiten kamen sie, von oben, von unten, hauend und stechend.

Der Mann auf dem Weißen Drachen hatte nicht einmal einen Schild. Und seinen Drachen lenkte er allein mit den Knien. Er brüllte die ganze Zeit wie ein Kriegsgott. Seine Arme zuckten so schnell, dass man ihnen kaum mit den Augen folgen konnte. Mit beiden Schwertern parierte er souverän jeden Hieb, jeden Angriff, jeden Schlag.

»Ohnezahn will jetzt rauskommen«, ertönte es gedämpft unter Hicks' Helm. »Ohnezahn muss P-P-P-piiipiii, JETZT SOFORT!«

»Das ist jetzt wirklich nicht der passende

Moment, Ohnezahn«, sagte Hicks nervös und zog den Helm fest auf seinen Kopf. »Hättest du das nicht früher erledigen können ...«

»Lass mich raus! Ohnezahn jetzt rausk-k-kommen oder gemeines Herrchen hat PIIPII auf dem KOPF!«, kreischte Ohnezahn und trommelte wie ein Wahnsinniger von innen gegen den Helm. Innerhalb einer Sekunde parierte der Mann auf dem Weißen Drachen die Hiebe von zwanzig Schwert-Krallen gleichzeitig. In der nächsten fuhren seine Arme blitzschnell nach rechts und links und zwei schwarze Bestien lagen tot in den Flammen.

Wie auf ein Stichwort gaben die verbleibenden vier den Kampf auf, schwangen sich wie dunkle Riesenfledermäuse in die Lüfte und flogen auf und davon. Der Mann auf dem Weißen Drachen galoppierte durch das Feuer in den Kreis, wo Hicks, Grobian und der Espenlaubler sich zusammengekauert hatten, Goliaths lebloser Körper neben ihnen.

»PERSON MIT DER RIESENWAMPE!«, brüllte der Mann und nahm seinen Umhang ab. »Steig auf den Rücken meines Drachen!«

»Der Junge zuerst«, entgegnete Grobian der Rülpser.

»Kann uns nicht alle auf einmal tragen!«, schrie der Mann über das Tosen der gierigen Flammen, die näher und näher krochen. »Aber dem Jungen wird nichts geschehen, mein Wort darauf!«

»Schwöre«, verlangte Grobian.

»Ich schwöre«, sagte der Mann. Er warf Hicks den Umhang zu.

»Wickle dich darin ein, mein Junge, dann kann dein eigener Drache dich aus dem Feuer tragen.«

Langsam stand Grobian auf. Vorsichtig nahm er seinen Helm ab und legte ihn sanft auf die Brust des toten Goliath. Dann erst stieg er auf den Rücken des Weißen Drachen, der sich sofort in die Lüfte erhob.

»Wickle ihn fest um dich!«, rief der Mann Hicks noch zu. »Er ist feuerfest!«

Hicks blieb allein inmitten der Flammen zurück, die jetzt so nah waren, dass sie seine Ärmel ansengten. Die Flammen verschlangen das letzte bisschen nicht verbrannten Bodens, während Hicks auf den Rücken des Espenlaublers sprang, sich den Umhang über den Kopf zog und fest um sich schlang. Mit einem Schlag erloschen die Flammen an seinen bereits lichterloh brennenden Ärmeln.

Der Umhang war kühl wie das Meer und roch angenehm vertraut nach Fisch. Es war, als würde man sich in den Ozean selbst hüllen.

Hicks blieb im ersten Moment vor lauter Überraschung die Luft weg. Er schlang den kühlen Stoff fest um seinen Körper, bis nicht der kleinste Finger, nicht ein Zeh, nicht ein einziges Fitzelchen mehr dem Feuer ausgesetzt war. Dann legte er seine Arme um den zitternden Hals des Espenlaublers.

»Lauf, mein Espenlaubler, lauf«, flehte Hicks. Und während auch der letzte Rest der Bergspitze unter der Feuerwalze verschwand, lief der Drache los.

# 5. WER IST DER MANN AUF DEM WEISSEN DRACHEN?

Haudrauf der Stoische war Hicks' Vater und der Häuptling vom Stamm der Räuberischen Raufbolde. Er war ein Mann von stattlichen Ausmaßen, mit einem Bauch wie ein Kriegsschiff und einem Bart, der aussah wie ein afghanischer Windhund nach einem Stromschlag.

An diesem außergewöhnlich heißen Nachmittag hatte er gerade ein friedliches Verdauungsschläfchen gehalten, als er von einigen seiner Krieger unsanft geweckt wurde. Ihrem aufgeregten Gebrabbel war zu entnehmen, dass oben auf dem Höchsten Punkt ein Feuer ausgebrochen war. Ausgerechnet dort, wo im Rahmen des Piraten-Trainingsprogramms gerade eine Übung im Rentiere-Hüten stattfand.

Haudrauf befürchtete sofort das Schlimmste. *Normalerweise* war er natürlich nicht von besonders schreckhafter Natur. Aber hatte Alt Faltl, sein Schwiegervater und Wahrsager des Stammes, ihm nicht schon seit WOCHEN damit in den Ohren gelegen, dass alle Zeichen darauf hindeuteten, dass Hicks in Gefahr war?

Haudrauf hatte ihn ausgelacht, denn in der Regel hielt er nicht viel von Grübeleien und war auch nicht der Typ, der sich Sorgen machte. Doch für einen kleinen, mageren Jungen, der eigentlich nicht viel hermachte, schien sein Sohn ungewöhnlich häufig in irgendeine Gefahr zu geraten. Er schien alle Katastrophen dieser Welt geradezu magisch anzuziehen.

»RUFT DIE FEUERWEHR!«, brüllte Haudrauf. Er sprang aus dem Bett und war mit einem Satz aus der Tür, nur mit seiner zotteligen Rauhaarunterhose bekleidet, die seine Frau Valhallarama von einer ihrer Entdeckungsfahrten ins Ausland mitgebracht hatte.

Wenn man ständig Seite an Seite mit Drachen lebte, brauchte man ein äußerst effektives Brandbekämpfungssystem. Auch wenn die meisten von ihnen VERSUCHTEN, nicht unnötig Feuer zu speien, setzten die Jagd- und Reitdrachen ständig aus Versehen Möbel oder Strohdächer in Brand. In diesen Fällen schaffte es die Raufbold-Feuerwehr, innerhalb von exakt zwei Minuten zur Stelle sein. Die Feuerwehr bestand aus einer ganzen Flotte von Wasserdrachen, so genannt, weil ihre Bäuche enorme Wassermengen aufnehmen konnten. Geritten wurden sie von Wasser-Kriegern, die speziell zur Brandbekämpfung ausgebildet waren. In diesem Fall brauchten sie allerdings ein bisschen länger als zwei Minuten, denn der Höchste Punkt war eine beträchtliche Flugstrecke vom Dorf entfernt. Dennoch war in relativ kurzer Zeit die gesamte Feuerwehr vor Ort. Die Drachen schossen im Sturzflug hinunter zum Meer, um dort unglaubliche Mengen Wasser in sich aufzusaugen und es dann auf die Flammen zu spritzen.

# Die Wasserdrachen

## Wikingerdrachen und ihre Merkmale

Die seltsam aussehenden Kreaturen stammen aus den Wüsten Asiens. Sie speichern Wasser in ihren Höckern (einige auch in ihren Bäuchen), ähnlich wie Kamele.

Bewertung nach Punkten 0-10

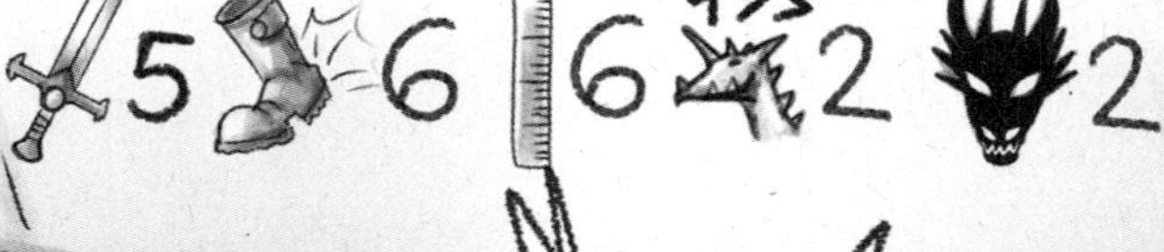

Natürlich waren ihre Bemühungen ziemlich hoffnungslos, schließlich handelte es sich hier nicht um ein lächerliches brennendes Strohlager, sondern um einen kompletten brennenden Bergabhang. Und als Haudrauf halb nackt auf seinem Reitdrachen herbeigeflogen kam, loderte das Feuer noch immer genauso hoch wie vorher.

Eine etwas ramponiert aussehende Reihe rußgeschwärzter Schüler vom Piraten-Trainingsprogramm, die durch den Rauch kaum zu erkennen war, starrte niedergeschlagen in die Flammen.

»Hicks?«, stammelte Haudrauf, als er von seinem Reitdrachen kletterte und dem am nächsten stehenden Jungen den Dreck aus dem Gesicht wischte. Oh, wie sehr wünschte er sich, dass dieser rußverschmierte kleine Bengel sein Sohn wäre. »WO IST HICKS?«

Traurig schüttelte Warzenschweini den Kopf und zeigte mit einem dreckigen Arm auf die Feuerwand vor ihnen.

»NEIN!«, schrie Haudrauf, riss an seinem Bart und starrte in den lodernden Wald.

In dem Moment kam der Espenlaubler-Drache aus dem Feuer gelaufen, so schnell ihn seine Beine trugen. Er versuchte, mit aller Kraft abzubremsen, und kam mitten zwischen den verblüfften Wikingern zum Stehen. Ungeduldige Hände zerrten an dem Feuerschutz-Umhang und rissen ihn so hastig auf, dass Hicks ins Heidekraut kullerte.

Als er die Augen aufschlug, erblickte er über sich das verstörte Gesicht seines Vaters, dahinter die Köpfe mehrerer anderer Raufbold-Krieger. Dann sah er ein Stück blauen Himmel und noch weiter hinten das Flammenmeer auf dem Höchsten Punkt, der zu einem riesigen, lodernden Scheiterhaufen für Goliath und die Rentiere geworden war.

Aber nicht für Hicks – nicht dieses Mal.

Bei dem Sturz ins Heidekraut rutschte Hicks der Helm vom Kopf und ein hitziger, wütender Ohnezahn schoss heraus.

»Gemeiner, gemeiner Meister!«, zischte der kleine grüne Drache giftig. »Hicks GROSSES GLÜCK GEHABT, Ohnezahn nett war und kein Piipii auf seinen Kopf gemacht!«

Er vergaß seinen Ärger jedoch sofort, als er das prächtige Feuer erblickte. »OOOOOOOhhhhh, Feuer!«, krähte Ohnezahn aufgeregt und flatterte eilig davon, um in den Flammen zu spielen.

»Er lebt!«, brüllte Haudrauf der Stoische und konnte es vor Freude und Erstaunen gar nicht fassen.

Dann fragte er verblüfft: »*Wie,* bei Thor, hast du das überlebt?«

Hicks zeigte auf etwas, das er hinter Haudraufs Schulter erkannte: Ein Stück abseits wartete still der Mann auf dem Rücken des Weißen Drachen, Grobian hinter sich.

»*Er* hat mich gerettet«, sagte Hicks.

Umständlich kletterte Grobian von dem Weißen Drachen herunter. Er war vollkommen schwarz, von den Augenbrauen bis zu den Zehenspitzen. Nur der rosafarbene Fleck auf seinem kahlen, helmlosen Schädel leuchtete in der Sonne wie ein Heiligenschein.

»Ich kann das alles erklären, Chef«, stammelte Grobian der Rülpser. »Es war nur eine vollkommen harmlose Übung im Rentiere-Hüten-mit-dem-Reitdrachen, überhaupt nichts Gefährliches, und dann haben uns diese *Dinger* angegriffen … Goliath hat es nicht geschafft.«

»Das tut mir leid, Grobian«, sagte Haudrauf der Stoische ergriffen. Goliath war Grobian in vielen furchtbaren Schlachten ein treuer Reitdrache gewesen. »Wir werden Rache üben, wer oder was auch immer das getan hat, darauf hast du mein Wort …«

»Er hat uns gerettet«, sagte Grobian und zeigte auf den Mann mit dem Weißen Drachen.

»Wer ist das?«, fragte Haudrauf. »Wer ist dieser Mensch?«

»Er kann kein Mensch sein«, betonte Grobian. »Menschen gehen nicht durch Feuer … Er muss ein Gott ein.«

»Ich bin kein Gott«, sagte der Mann auf dem Weißen Drachen.

Seine Stimme klang gedämpft durch ein seltsames schwarzes Gewand, das ihn von Kopf bis Fuß einhüllte, sogar Mund und Augen waren bedeckt. Hicks fragte sich, wie er überhaupt sehen konnte.

»Ich bin nur ein Held – ach Unsinn, ich meine, ein ganz gewöhnlicher Kerl, der zufällig vorbeikam«, fuhr der Mann fort. »Und leider habe ich es gerade ziemlich eilig, ich muss etwas sehr Wichtiges erledigen, muss schnell weiter … Nett, euch getroffen zu haben, und so weiter … ihr scheint ein nettes Völkchen zu sein, auf eure Art.«

»Du bist ein Lavabold!«, brüllte Haudrauf und funkelte den Mann böse an.

Die umstehenden Raufbolde schnappten entsetzt nach Luft und zogen sofort ihre Schwerter.

Lavabolde gehörten zu den Todfeinden des Raufbold-Stammes.

»Ich bin kein Lavabold!«, protestierte der Mann empört. »Lavabolde sind Gorillas in Hosen! Und das ist sogar noch eine Beleidigung für Gorillas.«

»Aber du musst ein Lavabold sein!«, rief Haudrauf. »Nur fiese, verlogene, hinterhältige Lavabolde tragen solche Gewänder!«

Die Raufbolde knurrten zustimmend und drängten nach vorn.

Unter lautem Gebrüll – »Nieder mit ihm! Tötet ihn! Lavabold-Abschaum!« – fuchtelten sie wild mit ihren Schwertern und fuhren prüfend über die scharfen Klingen ihrer Streitäxte.

»Überlasst ihn mir, Chef!«, grölte Sackasch der Bierbauch. »Ich habe seit Jahren keinen Lavabold mehr unter der Klinge gehabt!«

»Immer schön hinten anstellen, Sackasch, du alter Ganove!«, brüllte Taubnuss Senior. »Immer musst du dich vordrängeln!«

»ICH … BIN … KEIN … LAVABOLD!«, schrie der Mann, so laut er dies unter seinem lederartigen Kopfschutz konnte. »Bei Thor! Da tut man eine gute Tat und was hat man davon? Nichts als Ärger, immer dasselbe, wann lerne ich das endlich mal? Verflixter Feuerschutz-Anzug … Dann ziehe ich ihn eben aus und ihr werdet sehen …«

Der Mann stieg von seinem Weißen Drachen herunter und riss mit beiden Händen an seinem Kopfschutz. Das Ding musste sehr eng sitzen, denn es gab ein schmatzendes Geräusch von sich, als er versuchte, es sich vom Kopf zu schälen.

»Seht ihr?«, rief der Mann triumphierend, als er den Schutz mit einem letzten unanständigen *R-Ü-L-P-S* von seinem Gesicht löste. »Ich bin KEIN Lavabold!«

Haudrauf umkreiste den Mann misstrauisch. Der Kopf, der da zum Vorschein gekommen war, passte eindeutig nicht zu einem Lavabold. Es war der Kopf eines blonden, bärtigen, gut aussehenden Mannes – nebenbei bemerkt, eines SEHR gut aussehenden Mannes, wenn er auch nicht mehr ganz in den besten Jahren war –, der momentan ein klein wenig verärgert dreinsah.

Haudrauf steckte sein Schwert zurück in die Scheide.

»KEIN Lavabold«, verkündete er hörbar erleichtert. »Aber wenn du kein Lavabold bist, wer bist du dann?«

Der Mann sah Haudrauf höchst erstaunt an.

»Wie meint Ihr das? WER ICH BIN? Ich bin TORBEN DER TEUFELSKERL, auch als der TAUSENDSASSA bekannt, natürlich, wer sonst …?«

Torben der Teufelskerl war einer DER berühmtesten Wikingerhelden der Zeit, der so spektakuläre Heldentaten vollbracht hatte wie »die Erschlagung der meuchelmörderischen Schlachter« oder »das Erbeuten des Schrulligen Steins«. Vor fünfzehn Jahren war er dann auf einmal spurlos verschwunden und die meisten hatten ihn für tot gehalten. – Seien wir ehrlich, das gehört nun mal zum Berufsrisiko eines jeden Wikingerhelden.

»Nein! Ist nicht wahr! Doch nicht etwa Torben der Teufelskerl, *der Held?«*

Plötzlich wurde Haudrauf schmerzlich bewusst, dass er dem größten Helden des Jahrhunderts nur mit einer Rauhaarunterhose und einer löcherigen blauen Socke bekleidet gegenüberstand.

Er versuchte, den Bauch zu straffen und seine würdevollste und häuptlinghafteste Miene aufzusetzen.

»Aber wir haben alle gedacht, Ihr wäret tot!«

»Nun ja«, erklärte Torben und legte verbittert die Stirn in Falten. »Ich befand mich auf einer Abenteuerreise im Reich der Lavabolde, als mich diese behelmten Schlangen von Lavabolden hinterrücks überfielen. Sie warfen mich in eine ihrer Gefängnisschmieden und so habe ich fünfzehn Jahre unter der Erde verbracht und ihnen ihre

Schwerter geschmiedet. Deshalb trage ich auch einen ihrer Lavabold-Spezial-Feuerschutz-Anzüge. Sie sind aus Drachenhaut gefertigt, das heißt, absolut feuerfest.«

»Diese Lavabolde sind verflucht gerissen«, bemerkte Haudrauf kopfschüttelnd. »Wie, bei Thors haarigem Daumennagel, ist es Euch nur gelungen zu fliehen?«

»Oh, ich bin nicht geflohen«, erklärte Torben der Teufelskerl. »NIEMAND entkommt den Lavabolden. Sie selbst haben die Insel verlassen. Denn die Exterminator-Drachen sind dabei zu schlüpfen.«

»Was SIND Extermi-wieimmersieheißenmögen?«, fragte Haudrauf. »Von denen habe ich ja noch nie gehört.«

»Exterminator-Drachen sind die Kreaturen, die diese kleine Katastrophe hier angerichtet haben«, erläuterte Torben und wies auf das verheerende Bild von Feuer und Verwüstung hinter ihm. »Sie sind seit Jahrhunderten nicht mehr hier in der Gegend aufgetaucht, weil ihre Eier nur von den Gasen und den Lavaströmen in der Hitze eines ausbrechenden Vulkans ausgebrütet werden können. Der Vulkan auf der Lavabold-Insel rumort jetzt schon seit einiger Zeit vor sich hin. Er macht sich für einen gewaltigen Riesen-Ausbruch bereit, und wenn es dazu kommt, werden alle Exterminator-Drachen-Eier auf einmal aufbrechen.«

»Wollt Ihr damit sagen, dass es EXTERMINATOREN waren, die uns gerade angegriffen haben?«, fragte Hicks.

»Korrekt. Ich denke, das waren ungefähr sechs relativ kleine Exterminator-Babys, verstehst du? Die waren eigentlich noch ganz niedlich«, erklärte Torben vergnügt.

»Und wie viele von diesen Exterminator-Eiern gibt es noch auf der Lavabold-Insel?«, wollte Hicks wissen.

»Oh, wohl kaum mehr als neunhunderttausend, schätze ich«, sagte Torben.

»Wobei mir wieder einfällt, ich muss jetzt aber *wirklich* sehen, dass ich weiterkomme. Auch wenn ich gern noch geblieben wäre … ihr wart alle sehr nett … und an eurer Stelle würde ich auch von hier verschwinden, lieber heute als morgen. Man sollte nicht in der Nähe sein, wenn diese Viecher schlüpfen.«

»Was *redet* Ihr da?«, donnerte Haudrauf. »Abhauen? Kommt überhaupt nicht infrage. Das hier ist unser Zuhause. Seit unser Urahn, der Große Zottel, der erste aller Barbaren, hier an Land ging und bis zum Hintern im Schlamm versank, ist diese Inselgruppe die Heimat der Barbaren … Übrigens hat er bei der Gelegenheit seinen Stiefel verloren … Man hat ihn nie wiedergefunden … In diesem Moment sprach er die unsterblichen Worte …«

»›Solange mein Stiefel in diesem Schlamm steckt, werden auf diesen Inseln Barbaren leben‹«, beendete Hicks die Geschichte, die er schon in- und auswendig kannte. »Ja, Vater, ich weiß, Vater, aber DAMALS hatte der Große Zottel es nicht mit NEUN-HUNDERT-TAUSEND

Exterminator-Drachen zu tun, die kurz davor waren, über die Insel herzufallen und sie in eine Wüste zu verwandeln.«

»SO viele sind das doch gar nicht«, tönte Haudrauf der Stoische. »Außerdem sind es nur ein paar lächerliche Drachen. Wir werden BLEIBEN! Und wir werden KÄMPFEN! Ich werde das Thema nächste Woche am Sonnigen Sonntag beim Thing* ansprechen, damit wir uns mit den anderen Stämmen zusammenschließen und uns für den bevorstehenden Kampf rüsten können. Ach, ich wünschte, deine liebe Mutter wäre jetzt bei uns«, seufzte Haudrauf. Hicks' Mutter war wahrlich eine großartige Kriegerin, aber sie befand sich gerade wieder mal auf Heldenreise.

»Mein kleines, kraftstrotzendes Täubchen würde diese Extermi-Kümmerlinge mit einem einzigen Schnalzen ihrer Zöpfe in der Luft zerreißen«, schwärmte Haudrauf.

»WIR WERDEN SIE AN UNSEREN STRÄNDEN BEKÄMPFEN!«, brüllte er. »WIR WERDEN SIE IM FARNKRAUT BEKÄMPFEN! WIR WERDEN SIE IN DIESEM MORAST BEKÄMPFEN, IN DEM MAN SO LEICHT SEINE SCHUHE VERLIERT! NIEMALS WERDEN WIR UNS ERGEBEN!«

Dann brach er in eine mitreißende Darbietung von »Herrsche Barbaria! Barbaria beherrsche die Wellen!« aus und jeder einzelne Raufbold erhob sich mit stolz

---

* Bei einem Thing kamen alle Stämme der Umgebung zu einer Volksversammlung zusammen.

WIR WERDEN SIE AN UNSEREN STRÄNDEN BEKÄMPFEN!
WIR WERDEN SIE IM FARNKRAUT BEKÄMPFEN!
WIR WERDEN SIE IN DIESEM MORAST BEKÄMPFEN, IN DEM MAN SO LEICHT SEINE SCHUHE VERLIERT!
NIEMALS WERDEN WIR UNS ERGEBEN!

geschwellter Brust, stimmte aus vollem Herzen in den Refrain mit ein und zeigte dabei den Raufbold-Gruß.

Für einen Stamm, der einen Großteil der Zeit mit Kämpfen, Raubzügen und Plünderungen beschäftigt war, waren die Räuberischen Raufbolde erstaunlich musikalisch. Es war geradezu verblüffend zu erleben, wie diese hartgesottenen Krieger den Mund öffneten und die stolzen Worte aus ihren Kehlen perlten, rein und klar, mit perfekter Intonation und in herrlichem Kontrast zu der dramatischen Verwüstung, die sich hinter ihnen abspielte.

Torben der Teufelskerl erhob sich. Er schüttelte Haudrauf herzlich die Hand. »Ich kann mich nur wiederholen«, begann er. »Ich denke, es wäre wirklich das Klügste, so schnell wie nur menschenmöglich von hier zu verschwinden. Dennoch muss ich Euren selbstmörderischen Mut bewundern, so irrwitzig und sinnlos er auch ist. Viel Glück Euch allen!«

»Werdet Ihr nicht bleiben und mit uns kämpfen?«, bedrängte Haudrauf ihn. »Ein so großer Held wie Ihr wäre eine unschätzbare Hilfe.«

»Nun, *jetzt* bin ich eher eine Art Exheld«, betonte Torben. »Ich bin nur noch ein einfacher Schwertkämpfer, der seine Dienste vermietet. Nein, ich habe genug davon, hoffnungslose Kämpfe auszufechten, um die Welt zu retten. Von nun an geht es nur noch um MICH, MICH, MICH. Eine letzte Sache muss ich noch erledigen, bevor ich dieses dem Untergang geweihte Archipel so weit wie nur möglich hinter mir lassen werde. Könntet Ihr mir vielleicht sagen, in welcher Richtung die kleine Insel Berk liegt?«

Ein breites Grinsen erschien auf Haudraufs Gesicht. »Aber mein lieber Torben!«, rief er aus. »Dies hier IST die Insel Berk!«

Torben dem Teufelskerl klappte die Kinnlade herunter.

*»Nein!* Nicht möglich!«, sagte er. »Dann seid Ihr kein anderer als … als …«

»Haudrauf der Stoische, Häuptling der Räuberischen Raufbolde«, trompetete Haudrauf der Stoische.

*»Ist das wirklich wahr?«,* fragte Torben, nach Luft schnappend. Immerhin war er so höflich, NICHT zu fragen: *Und spaziert Ihr IMMER in Rauhaarunterhosen und mit einer löcherigen blauen Socke bekleidet auf Eurer Insel herum?*

»Und *dies* ist Euer Sohn?« Torben zeigte auf Hicks.

»HICKS DER HARTNÄCKIGE VOM HAUENSTEIN DER DRITTE!«, röhrte Haudrauf der Stoische stolz.

Torben schien auf einmal arge Schluckbeschwerden zu haben. »DIES ist Hicks der Hartnäckige vom Hauenstein der Dritte?«

Dann drehte er sich zu Haudrauf um. »Wisst Ihr, Haudrauf, ich habe mich anders entschieden. Ich denke, ich werde vielleicht doch noch ein Weilchen hierbleiben.«

»Wunderbar!«, dröhnte Haudrauf begeistert. »Sagtet Ihr nicht, Euer neuer Beruf sei Schwertkämpfer, dessen Dienste man mieten kann?«

»Korrekt«, sagte Torben.

»Nun, ich bin schon lange auf der Suche nach einem Bardigard für meinen Sohn Hicks. Ihr, als ehemaliger Held, würdet sicher den perfekten Bardigard abgeben.«

Ein Bardigard war der Leibwächter für den Erben eines Wikingerhäuptlings. Genau wie zum Heldsein gehörte dazu mehr, als nur ausgezeichnet kämpfen zu können. Man musste ein absolutes Multitalent sein, gut aussehend, musikalisch sein und man sollte beim Sagen-Singen die Harfe spielen und geschickt mit Spieß und Streitaxt umgehen können. *Und* man musste ein guter Lehrer sein, um den jungen Erben in all diesen Künsten zu unterweisen.

»Wie steht's mit Eurer Waffenarbeit?«, wollte Haudrauf wissen.

Anstelle einer Antwort riss Torben der Teufelskerl seine Axt so schnell und elegant aus dem Gürtel, dass Haudrauf nicht einmal wusste, ob seine Hände sich bewegt hatten. Er ließ sie so durch die Luft zischen, dass sie einen von Heini Hirnlos' Zöpfen abschnitt und wie ein Bumerang zurück in Torbens Hand flog, wo er sie zweimal um sein Handgelenk wirbeln ließ und kurz auf dem Ellbogen balancierte, bevor er sie mit einem Salto wieder in seinen Gürtel beförderte. Die Raufbolde bekamen vor lauter *Ohs!* und *Ahs!* den Mund nicht mehr zu. Es gab nichts, was sie so begeistern konnte wie gute und solide Waffenarbeit.

»DONNER UND DORIA!«, stieß Haudrauf anerkennend aus. Dieser Mann war abgebrühter als eine Katze, die auf einem frisch gefrorenen Eisberg ihre Barthaare zwirbelt. – Das bedeutete in der Sprache der Wikinger so viel wie »supercool«.

»Ach, das war doch gar nichts«, sagte Torben seufzend. »In meiner Jugend hätte ich es noch mit geschlossenen Augen gekonnt.«

»VERSUCHT ES BLOSS NICHT!«, knurrte Heini Hirnlos.

»Darf ich annehmen, dass Ihr bei allem anderen ebenso geschickt seid?«, fragte Haudrauf.

Wortlos zückte Torben der Teufelskerl Pfeil und Bogen.

»Seht Ihr dort das Bürschchen mit dem tätowierten Schädel?«

Er zeigte auf Rotznase, der in einiger Entfernung mit Stinker dem Dussel schwatzte und gedankenverloren in der Nase bohrte. Torben ließ seinen Pfeil fliegen und Rotznase kippte mit einem kurzen Aufschrei um.

»Mein Sohn!«, schrie Sackasch der Bierbauch entsetzt. Torben hob gebieterisch seine ebenso riesige wie elegant geformte Hand.

»Es gibt absolut keinen Grund zur Beunruhigung, guter Mann. Ich versichere Euch, Ihr werdet Euren Sohn vollkommen unversehrt finden. Ich habe mir lediglich erlaubt, den Popel aus seinem Nasenloch zu entfernen.«

Und so war es. Alles war so schnell gegangen, dass Rotznase nur glaubte, er wäre von einer Wespe gestochen worden. Als sei nichts geschehen, stand er wieder auf und schwatzte ungerührt weiter mit Stinker, jetzt mit popelfreier Nase.

»Aber das ist ja unglaublich!«, stotterte Haudrauf.

»Ein *Kinderspiel«,* gab Torben zurück und schüttelte den Kopf. »Der Junge hat die größten Nasenlöcher, die mir je untergekommen sind.«

»Und was ist mit Skilaufen? Drachenreiten? Bummsball-Spielen?«, fragte Haudrauf weiter.

»Meine Leistungen sind selbstverständlich nicht zu vergleichen mit meinen besten Zeiten«, gab Torben traurig zu, »aber sie sind immer noch tipptopp, eins a, erstklassig. Wir Exhelden halten uns nicht mit Mittelmäßigkeiten auf.«

»Liegt es an *mir* oder ist dieser Kerl wirklich eine ziemliche Nervensäge?«, flüsterte Fischbein.

»Das muss an dir liegen«, sagte Hicks, während er den Exhelden mit bewundernden Blicken verschlang.

»Und Harfespielen?«, fragte Haudrauf. »Wenn man Euren herrlichen Brustkorb so anschaut, müsstet Ihr ein begnadeter Barde sein!«

»Es war einmal eine Dame«, seufzte Torben, »die behauptete, für meinen Gesang STERBEN zu wollen. Einst gehörte das Sagen-Singen zu meinen absoluten Spezialitäten, aber ach, das WAR einmal. Fünfzehn Jahre Zwangsarbeit in diesen Gefängnisschmieden haben mir die Stimme gebrochen. Der Goldstaub ist in meine

Lungen gedrungen, mein Kehlkopf in der Hitze verglüht. Und was noch schlimmer ist, ich habe den Willen, den Mut, das Verlangen dazu verloren … NIEMALS werde ich wieder singen können.«

»Ach, wie schade«, sagte Haudrauf, »es geht doch nichts über ein paar Liedchen, die man gemeinsam trällert. Nun denn, abgesehen von dieser Kleinigkeit scheint Ihr mir wie geschaffen für diese Aufgabe. Also, was ist, wollt Ihr der Bardigard meines Sohnes sein? Ich werde Euch einen stattlichen Lohn zahlen.«

»Ich nehme mit Freuden an«, sagte Torben, ohne zu zögern. »Ich kann das Geld gebrauchen, denn ich will mir irgendwo in einer ruhigen abgeschiedenen Gegend ein kleines Anwesen kaufen.«

»Ausgezeichnet!« Haudrauf der Stoische lächelte zufrieden. Dann eilte er geschäftig davon, um eine Ratsversammlung der benachbarten Stämme einzuberufen und sich zum Kampf gegen die Exterminator-Drachen zu formieren.

»Werdet Ihr mir diesen Blitzkick-mit-Stechausfall-Trick beibringen, den Ihr eben im Feuer gemacht habt?«, fragte Hicks hoffnungsvoll und strahlte Torben den Teufelskerl ehrfürchtig an.

»Aber selbsverständlich«, antwortete sein neuer Bardigard, der bereits dabei war, sein Schwert zu schärfen.

# SCHWERTKAMPFTRICKS FÜR WAHRE HELDEN

# SCHWERTKAMPFTRICKS FÜR WAHRE HELDEN

# 6. HICKS' BARDIGARD HAT ALLE HÄNDE VOLL ZU TUN

Im Laufe der kommenden Wochen begann Haudrauf bitter zu bereuen, dass er Torben den Teufelskerl engagiert hatte.

Jeder, allen voran Hicks, schien ihn für genial und absolut bewundernswert zu halten. Überall musste Torben Autogramme geben, auf Äxten und Speeren, auf Lieblingsdrachen, sogar auf Sackaschs berühmtem Bierbauch.

»Sogar seine HANDSCHRIFT ist teufelskerlmäßig heldenhaft«, seufzte Sackasch und starrte verzückt auf das schwungvolle Gekritzel auf seinem Bauch. »Ich werde mich nie wieder waschen ...«

»Hast du das jemals getan?«, brummte Haudrauf und dachte: *Für WEN hält dieser Exheld sich eigentlich?*

Und das war noch nicht alles.

Normalerweise pflegten sich in Modefragen alle nach Haudraufs Vorbild zu richten. Das bedeutete, dass der Bart zum Beispiel *naturel* (ganz natürlich) getragen wurde, wie ein wild wucherndes Gewächs, das stark an ein überdimensionales, von einem Wiesel verwüstetes Vogelnest erinnerte. Die Krönung dieser Kreation waren ein paar großzügig verteilte Essensreste.

Plötzlich hatten seine Krieger alle makellos gepflegte

Bärte, die genau wie bei Torben in aufwendig gezwirbelten Spitzen und adretten Löckchen endeten. Außerdem hatte Haudrauf den Verdacht, dass sie BADETEN, ganz zu schweigen davon, dass sie ihre Hemden ordentlich zuknöpften und ihre Helme immerzu auf Hochglanz polierten.

»Was hast du mit deinem Bart gemacht?«, fragte Haudrauf einen ziemlich schuldbewusst dreinblickenden Grobian, dessen gewohnt struppiger Heuhaufen sich über Nacht in ein feines Gewebe unzähliger Ringellöckchen verwandelt hatte.

Grobian der Rülpser errötete.

»Ach, *das* ...«, sagte er betont lässig, »das ist gerade der letzte Schrei, weißt du ... ist irgendwie HELDENHAFTER ... Das hat doch jetzt jeder.«

»Wenn ihr wüsstest, wie lächerlich ihr alle ausseht!«, schnaubte Haudrauf.

Was er allerdings bei dieser Bardigard-Geschichte noch schwerer zu ertragen fand, war, dass Hicks, sein eigener Sohn, diesen Torben offenbar grenzenlos verehrte. Neuerdings hörte man von ihm nur noch »Torben hier«, »der Teufelskerl da«.

Hicks bewunderte Torben *tatsächlich* zutiefst. Hier war endlich mal ein Held, der sich von den üblichen ungehobelten Barbaren abhob. Gegenüber dem plumpen Sich-gegenseitig-die-Köpfe-Einschlagen pflegte er einen edlen, eleganten, geradezu anmutigen Kampfstil.

DIE BART-MODE DER BARBAREN
Grobians Bart hatte sich über Nacht in ein Meer feinster Ringellöckchen verwandelt ...
Die Zweifelhaften Zwillinge hatten ihre Helme poliert, bis sie glänzten.
Ein Barbarenbart wurde normalerweise naturel (ganz natürlich) getragen, wie ein wild wucherndes Gewächs von den Ausmaßen eines überdimensionalen, von einem Wiesel verwüsteten Vogelnests.

Er zeigte Hicks nicht nur den Blitzkick-mit-Stechausfall-Trick, sondern auch, wie man einen Gegner mit kniffligen Knoten formschön fesselt, während man sich gleichzeitig höflich nach seinem Befinden erkundigt.

Allerdings stellte Torben Hicks auch vor das ein oder andere Problem, was *natürlich* nicht *sein* Fehler war.

Denn normalerweise versuchte Hicks beim Piraten-Trainingsprogramm, sich möglichst unsichtbar im Hintergrund zu halten und um keinen Preis aufzufallen. Das war allerdings schwer durchzuhalten, wenn ein außergewöhnlich gut aussehender Held von Weltruf mit hoch erhobenem Schwert immer zwei Schritte hinter einem marschierte und brüllte: »MACHT PLATZ FÜR HICKS DEN HARTNÄCKIGEN VOM HAUENSTEIN DEN DRITTEN, DEN EINZIGEN SOHN DES HÄUPTLINGS!«

Und das sollte nicht das einzige Problem bleiben.

Grobian hatte den Jungen eine kurze Verschnaufpause gewährt, um sich von ihrer missglückten Lektion im Rentiere-Hüten-mit-dem-Reitdrachen zu erholen. Nach ein, zwei Tagen wurde das Piraten-Trainingsprogramm dann mit einer Lektion im Kunstvollen Streitaxtkampf wieder aufgenommen.

Das ungewöhnlich heiße Wetter war, auch wenn es kaum möglich schien, noch heißer geworden. Wo sollte das noch hinführen? Man kam sich ja jetzt schon vor wie in einem Schmelzofen.

Die Jungen hatten sich wie immer in einer unsortierten, weit auseinandergezogenen Reihe vor Grobian dem Rülpser aufgestellt, kratzten sich den Hintern und schwitzten aus allen Poren. Hinter ihnen ragte wie ein böses Omen der Große Berg auf, dessen untere Hälfte noch mit Farn und Bäumen überwuchert war, während die obere wie eine verkohlte Wüste aussah. Zumindest war sie so kahl und nackt wie Grobians immer-noch-helmloser-und-jetzt-ziemlich-sonnenverbrannter Schädel. Als Grobian nach Freiwilligen fragte, um gegen Rotznase Rotzgesicht anzutreten, hüllten sich die Jungen beharrlich in Schweigen. Rotznase war geradezu grauenhaft gut im Axtkampf und außerdem ein hinterhältiger Gegner, der einem gerne seine extra spitzen Sandalen in die Knöchel rammte, wenn Grobian gerade mal nicht hinsah.

Man kann sich Hicks' Entsetzen vorstellen, als Torben vortrat und schrie: »ICH MELDE HICKS DEN HARTNÄCKIGEN VOM HAUENSTEIN DEN DRITTEN, EINZIGEN SOHN VON HÄUPTLING HAUDRAUF DEM STOISCHEN, ERBEBT BEI SEINEM NAMEN, AMEN, HOHO!«

»Schschsch ...«, bat Hicks, der Verzweiflung nahe. »Bitte ... nicht so laut ...«

»Ausgezeichnete Idee!«, bellte Grobian erfreut. »Also dann: Hicks tritt gegen Rotznase an.«

»Oh, um Thors willen«, stöhnte Hicks unglücklich.

»Was sollte *das* denn?«, zischte Fischbein Torben den

Teufelskerl an. »Ich dachte, Ihr seid sein Bardigard. Ihr solltet doch auf ihn *aufpassen,* anstatt ihn seinen Feinden auf dem Silbertablett zu servieren …«

»Was redest du da?«, entgegnete Torben aufrichtig überrascht. »Er ist der Sohn eines HÄUPTLINGS, der Kampfgeist der Hartnäckigen vom Hauenstein pulsiert in seinen Adern. Mit einem SCHNIPSER könnte er diese Rotznase zwischen seinen königlichen Fingernägeln zerquetschen …«

»Ich weiß nicht, ob Ihr es bemerkt habt«, warf Fischbein ein, »aber Rotznase ist mindestens doppelt so groß wie er. Außerdem ist er gemein wie eine wütende Hornisse und er HASST Hicks.«

»Oh ja, das tue ich«, sagte Rotznase grinsend und ließ seine Knöchel knacken.

Zufällig war Rotznase der Sohn von Sackasch dem Bierbauch, Haudraufs Bruder. Und das bedeutete, wenn Hicks etwas zustoßen sollte, sagen wir, ein tragischer Unfall, wäre Rotznase Rotzgesicht der Nächste in der Erbfolge. Und Rotznase war selbst fest davon überzeugt, dass er für den Stamm der Räuberischen Raufbolde ein HERVORRAGENDER Häuptling wäre.

»Ach, komm schon«, tönte der Bardigard unbeeindruckt, »diese Rotznase ist gegen Hicks doch erbärmliches Unkraut.« (Eine solche Bemerkung passte überhaupt nicht zu Torbens ansonsten so höflichem Auftreten.)

»Das hat O-O-Ohnezahn auch immer schon gesagt«, quäkte Ohnezahn dazwischen. Es ging doch nichts über eine ordentliche Prügelei, fand er.

»Halt die Klappe«, zischte der arme Hicks nervös. Wenn es darauf ankam, hatte Rotznase ziemlich gute Ohren und die Blicke, die er Hicks zuwarf, waren noch gehässiger als sonst.

»Du wirst diesen Kerl unangespitzt in den Boden stampfen, Hicks! Lass ihn um Gnade winseln!«, trompete Torben der Teufelskerl.

»Wir werden ja sehen, wer am lautesten winselt ...«, knurrte Rotznase mit knirschenden Zähnen, während er sich die Ärmel hochkrempelte. Normalerweise trainierten die jungen Raufbolde beim Axtkampf mit Holzwaffen, damit sie sich nicht aus Versehen umbrachten. Doch Torben, der Grobian bei der Waffenausgabe half, machte die Sache nur noch schlimmer, indem er Rotznase anstelle der hölzernen eine echte Axt in die Hand drückte.

Das bemerkten sowohl Rotznase als auch Hicks allerdings erst, als der Kampf bereits in vollem Gang war und Rotznases Axt auf Hicks' Schild traf. Anstatt einfach vom Schild abzuprallen, drang die Waffe tief ins Holz ein und blieb dort stecken.

Ein böses Glitzern trat in Rotznases Haifischblick.

Da war es auch nicht besonders hilfreich, dass Torben der Teufelskerl aufmunternd von der Seitenlinie brüllte: »MACH IHN FERTIG, DIESEN SCHWEINENASIGEN, VERWARZTEN HALBSTARKEN HASENFUSS!«

»K-k-ratz ihm die Augen aus! Reiß ihm die Flügel ab! Immer auf seine H-H-Hörner!«, krähte Ohnezahn und flatterte Hicks ständig in die Quere.

»Rotznase! Deine Axt ist *echt!«,* schrie Hicks.

»Na und, ist nicht mein Problem«, knurrte Rotznase zähnefletschend. »Schließlich hat dein werter Bardigard sie mir selbst gegeben, das können alle hier bezeugen. Dein Pech …« Damit packte er seine Axt und wollte sie mit einem Ruck aus Hicks' Schild reißen.

Grobian war außer Hörweite und zudem gerade damit beschäftigt, Taubnuss Junior anzuschnauzen: »DAS IST EINE AXT, IN THORS NAMEN, KEIN HOLZLÖFFEL UND AUCH KEINE STRICKNADEL …«

»BARDIGARD, ZU HILFE!«, schrie Hicks.

»Großartig machst du das! Weiter so!«, rief Torben zurück und gab ihm verstohlen ein aufmunterndes »Daumen-Hoch!«. »Ausgezeichnete Arbeit! Rotzi-Baby hat schon ein Tränchen im Auge, wenn mich nicht alles täuscht … Und denk an den Blitzkick, funktioniert auch hervorragend mit der Axt.«

»HILFE! JEMAND MUSS MIR HELFEN!!!«, schrie Hicks. Fischbein ließ seine hölzerne Axt fallen und ließ seinen Trainingspartner Planlos stehen. »TORBEN! Tut etwas! Rotznases Axt ist echt!«

»Kein Grund zur Aufregung«, erklärte der ungerührt,

während Rotznase seine Axt aus Hicks' Schild zog, diesen ihm dabei aus der Hand riss und seine glänzende Klinge hoch über dem Kopf schwang. »Hicks hat die Situation voll im Griff. Er täuscht nur gerade eine kleine Schwäche vor, damit der dumpfbackige Schläger sich in Sicherheit glaubt und einen Fehler begeht. So etwas nennt man eine Finte.«

»Seid Ihr denn vollkommen IRRE?!« Fischbein kochte vor Wut. »Hicks' LEBEN steht auf dem Spiel …«

Rotznase ließ die tödlich scharfe Klinge auf Hicks niedersausen. Der streckte seine hölzerne Axt schützend über seinen Kopf und Rotznases Waffe fuhr mitten hindurch. Das Holz splitterte und fiel in zwei Hälften zu Boden.

Die metallene Axt sauste jetzt auf Hicks Brustkorb zu, während Hicks den Hieb mit zusammengekniffenen Augen erwartete, als …

… als im letzten Moment Torben der Teufelskerl mit einer eleganten, blitzartigen Bewegung seine Axt aus dem Streitgürtel riss und Rotznases Waffe köpfte, sodass die Metallklinge, ohne weiteren Schaden anzurichten, in den Staub fiel. Gleichzeitig rissen Ohnezahn und Fischbein Rotznase am Hosenboden zurück.

*RRRRAAATSCH!!!!*

Die Hose zerriss von oben bis unten und ein halb nackter, beleidigter Rotznase verließ fluchtartig den Kampfplatz, verfolgt vom lauten Gelächter seiner Mitschüler – die Wikinger hatten einen eher schlichten Sinn für Humor, sodass sie sich schon vor Lachen auf die Schenkel klopften, wenn jemandem die Hose heruntergezogen wurde.

»HIHIHIHIHI!«, kicherten die jungen Raufbolde und mussten sich vor Lachen auf ihre Holzäxte stützen.

»Tut mir leid, Hicks, mein Junge«, entschuldigte sich Torben und half ihm auf die Beine.

»Danke«, sagte Hicks und stieß einen Seufzer der Erleichterung aus.

»Wieso *bedankst* du dich eigentlich noch bei dem?«, zeterte Fischbein gereizt. »Er ist ein SCHWACHKOPF! Ein heldenhafter Schwachkopf vielleicht, aber immer noch ein Schwachkopf.«

»Halt die Klappe, Fischbein, immerhin hat er mir zum ZWEITEN MAL das Leben gerettet, oder etwa nicht?«, sagte Hicks.

Torben der Teufelskerl zog ein Gesicht, als wäre ihm irgendetwas peinlich.

Am darauf folgenden Tag waren Hicks und Fischbein auf dem Weg zu ihrem Goldraub-durch-Drohungen-Training. Der Bardigard war schon ein Stück den Berg hinauf vorausgegangen.

»Also ich habe meine Sachen gepackt«, sagte Fischbein. »Ich finde, wir sollten hier abhauen. Du hast doch gehört, was dieser Torben gesagt hat: Jeden Augenblick kann der Vulkan in die Luft fliegen.«

»Aber wir können doch den Stamm nicht einfach so im Stich lassen«, gab Hicks ängstlich zurück. »Wir müssen sie irgendwie dazu bringen mitzukommen …«

Fischbein erklärte ihm gerade, dass es ihnen NIEMALS gelingen würde, die Raufbolde umzustimmen, weil sie allesamt mit chronischer Dummheit geschlagen wären und niemals verstehen würden, in welcher Gefahr sie schwebten …

… als sich plötzlich und mysteriöserweise ein riesiger Felsbrocken aus dem schwarzen Abhang über ihnen löste. Er kam direkt auf Hicks zugepoltert und hätte ihn glatt platt gewalzt – und das wäre Hicks' Ende gewesen –, wenn Torben der Teufelskerl nicht in letzter Sekunde von oben heruntergerufen hätte:

**»ACHTUNG, IHR DA UNTEN!«**

Hicks und Fischbein hatten gerade noch Zeit, zur Seite zu hechten, als der Felsen auch schon krachend zwischen ihnen aufschlug.

»Umthorswillen ... umthorswillen ... umthorswillen ...«, stammelte Fischbein keuchend. Er lag platt auf dem Rücken und sah in die Staubwolken, die der gigantische Gesteinsbrocken aufgewirbelt hatte, als er sie um ein Haar erschlagen hätte. »Siehst du, das ist ein böses Omen, verstehst du? Ein Zeichen von Wotan, dass wir wirklich schnellstens hier verschwinden sollten ... ich werde noch mal nachsehen, ob ich auch alles eingepackt habe ...«

»Tut mir leid, Jungs!«, entschuldigte sich Torben, der den Berghang heruntergelaufen kam. »Ich bin ausgerutscht und muss dabei wohl ein paar Steinchen losgetreten haben. Alles in Ordnung bei euch?«

»Na ja, wir sind immer noch dreidimensional, danke der Nachfrage«, erwiderte Fischbein sarkastisch. »Ach, ich wünschte, *ich* hätte so einen netten, klugen Bardigard ganz für mich allein, der mich mit Felsbrocken bewirft und mich unbewaffnet in Zweikämpfe mit jugendlichen Psychopathen schickt.«

Fast schien es, als hätte Fischbein recht, was die bösen Vorzeichen anging. Diese Verkettung von Unglücksfällen war wirklich unheimlich.

Einen Tag nach dem Unfall mit dem Felsbrocken saß Hicks zusammen mit seinem Vater beim Abendessen. Es gab Austern. Torben der Bardigard hatte wachsam hinter Hicks' Stuhl Posten bezogen. Unter dem Stuhl lag Ohnezahn und verschlang genüsslich ein ganzes Huhn, das er aus der Speisekammer gemopst hatte.

Haudrauf hatte seine Austern leer geschlürft, bevor Hicks überhaupt angefangen hatte, und starrte nun mit gierigen Blicken auf den Teller seines Sohnes. Gerade wollte er sich ein besonders pralles Exemplar schnappen …

… als Torben aufschrie: »NEIN, NICHT DIESE!«

Haudrauf musterte ihn mit majestätischer Missbilligung. Dieses Mal ging der Kerl aber wirklich ZU WEIT. Erst brachte er den gesamten Raufbold-Stamm dazu, sich herauszuputzen wie kleine Mädchen, und jetzt wollte er Haudrauf auch noch vorschreiben, was er zu essen hatte.

»WELCHE AUSTER ICH ESSE, ENTSCHEIDE IMMER NOCH ICH!«, donnerte Haudrauf der Stoische, während er die Austernschale mit ihrem glibberigen Inhalt an die Lippen setzte. Torben schnellte vor und grabschte nach der Auster.

Wutschnaubend hielt Haudrauf sie fest im Griff. Es kam zu einem wenig würdevollen Gerangel und Torben sah sich gezwungen, die Auster *selbst* zu verschlucken, bevor Haudrauf dazu kommen konnte.

»JETZT REICHT'S, DAS WAR'S!«, dröhnte der Raufbold-Häuptling erbost. Aber insgeheim war er erleichtert, dass er endlich einen Grund gefunden hatte, diesen lästigen und ach so perfekten Teufelskerl-Torben zu feuern. »IHR SEID GEFEUERT! AUF DER STELLE!«

Torben schluckte geräuschvoll.

»Schlechte Auster ... sehr schlechte Auster ...«, brachte er mit einem erstickten Glucksen heraus. »Habe es sofort auf den ersten Blick erkannt ...«

»WOW!«, japste Hicks. »Jetzt hat er auch noch DEIN Leben gerettet, Vater. Er hat die schlechte Auster gegessen, die du sonst verschluckt hättest! Er ist wirklich ein Wahrer Held!«

»Oh, ja, sehr schön...«, nuschelte Haudrauf unwirsch und dachte: *Wenn ich mir den Kerl so ansehe, frage ich mich langsam, wer dieser wahnsinnige Superheld wirklich ist!*

»Also ist er nicht gefeuert, oder, Vater?«, fragte Hicks eifrig.

»Nein, ich denke nicht«, sagte Haudrauf, während er im Stillen einen wüsten Fluch ausstieß.

»Vielleicht solltest du ihm einen ORDEN verleihen oder so etwas. Geht es Euch gut, Torben? Ihr seid furchtbar grün im Gesicht.«

»Ich denke, ich sollte mich vielleicht etwas hinlegen ... nur ganz kurz«, sagte der Bardigard. Dann stakste er auf Hicks' Schultern gestützt und mit wackligen Beinen aus dem Raum, während Hicks aufgeregt auf ihn einplapperte: »Das war IRRE MUTIG, TORBEN! Wie konntet Ihr denn sehen, dass sie schlecht war? Ist das wie bei Pilzen oder so? Ich hoffe, Ihr fühlt Euch bald wieder besser …«

Mit finsterer Miene schob Haudrauf die Austern von sich. Der Appetit war ihm gründlich vergangen.

Torben meldete sich zwei Tage krank.

Nicht, dass Haudrauf etwas dagegen gehabt hätte …

In der Zwischenzeit trafen nach und nach die anderen Stämme zum »Thing« ein, der Versammlung der Wikinger. Sie waren gekommen, um das Mittsommerfest, den sogenannten Sonnigen Sonntag, zu feiern: die Sumpfdiebe, die Dickschädel, die Friedländer, die Kauzigen Kerle, die Grimmbolde, die Stummschweiger und die Miesepeter, die Terrortrolle und die Schaumschläger. Alle waren erschienen – außer natürlich den Verbannten, den Rohbianen und den Lavabolden, die als völlig hoffnungslose Fälle galten.

Bald war der Raufbold-Hafen mit Wikingerschiffen verstopft und die winzige Insel Berk gerammelt voll mit Zelten in allen Regenbogenfarben. Marktschreier hatten in der brütenden Backofenhitze ihre Stände aufgebaut, die sich unter ganzen Schiffsladungen von Waren bogen, von Tintenfisch-Lutschern bis zu Jagdhörnern, von sommerlichen Zehensandalen bis Stiefelchen aus Drachenhaut für das verwöhnte Wikingerbaby, das schon alles hat.

In der schwülen, stickigen Nacht vor dem Sonnigen Sonntag lag Hicks stundenlang wach, während durchs

Fenster die Stimmen der feiernden Grimmbolde und Sumpfdiebe hereinwehten, gemischt mit dem Kreischen und Kratzen von Drachenkämpfen.

Unten am Fußende lag Ohnezahn ebenfalls wach. Die kleinen Krallen hatte er fest in die Ohren gestopft, während er sich jammernd hin und her warf. Der unaufhörliche Schwall seiner Klagelaute drang gedämpft unter der Decke hervor. »U-u-unverschämt ... blöde B-B-Barbaren ... s-s-so laut ... so r-r-rücksichtslos ...«

Doch nach einer Weile wurde es still unter den Laken und der kleine warme Hügel zu Hicks' Füßen hob und senkte sich sanft. Nur hin und wieder hörte man noch ein gedämpftes, schlaftrunkenes »U-U-Unverschämt«, begleitet von einem kleinen empörten Rauchring, der unter der Decke hervorkroch.

Hicks sah zu, wie die Rauchringe zur Decke schwebten oder durchs Fenster hinaus in der schwülen, sternenklaren Nacht verschwanden. Und irgendwann war auch er eingeschlafen.

Er schlief unruhig, träumte von Feuer und bösen Omen, von Drachen mit schwertähnlichen Krallen, die ihn durch die heiße, fiebrige Nacht verfolgten. Mit einem erstickten Schrei wachte er plötzlich auf.

Dort, dicht neben seinem Lager, hob sich deutlich die furchtbare Gestalt von Torben dem Teufelskerl ab, der sich über ihn beugte wie ein Henker. Seine beiden hoch erhobenen Schwerter schwebten drohend über Hicks, sein Kopf war in der Dunkelheit nicht zu erkennen.

Mit grausiger Stimme murmelte er laut vor sich hin. »*Soll* ich? Soll ich NICHT? Soll ich? Soll ich NICHT?«

»Was macht Ihr da?«, fragte Hicks entsetzt. »Bardigard … HALT! Was macht Ihr da? Torben! Torben!«

Der schien ihn nicht zu hören. Er murmelte weiter vor sich hin, immer noch mit dieser grausigen Stimme. Immer und immer wieder murmelte er etwas von einem Versprechen, das er halten musste.

Er hatte den Kopfschutz seines Feuerschutzanzugs übergestülpt, sodass man weder sein Gesicht noch seine Augen sehen konnte. Das Mondlicht blitzte auf den rasiermesserscharfen Klingen seiner Schwerter.

Es war wie ein Albtraum.

Torbens Hände begannen zu zittern. Langsam senkte er die Schwerter.

Er hielt inne.

»Ich soll NICHT«, sagte er plötzlich laut und entschieden. Etwas kam unter der Bettdecke hervorgeschossen und schlug seine kleinen scharfen, schläfrigen Kiefer kräftig in Torbens Oberschenkel. Der Exheld stieß einen spitzen Schmerzensschrei aus und ließ eins seiner Schwerter auf seinen rechten Fuß fallen.

»U-U-UNVERSCHÄMT!«, schnaubte Ohnezahn und flatterte schlaftrunken im Raum herum. »KANN EIN DRACHE DENN NIRGENDS IN RUHE SCH-SCH-

# DRACHEN-ZU-BETT-BRINGEN
## LEICHT GEMACHT

Drache: Ohnezahn Würgiwürgschnorchi. Ohnezahn ITZT Wobbliknurr.

Ohnezahn hatte einen Albtraum. Ohnezahn JETZT aufstehen. (Wörtlich: Ohnezahn hat jetzt Hunger.)

Du: (schläfrig) Abba issa dunkel!

Aber es ist mitten in der Nacht!

PAUSE

Du: (plötzlich hellwach) Ni, nix abflammi Schnorchibox, Ohnezahn. NIX ABFLAMMI SCHNORCHIBOX! NIX ABFLAMMI SCHNO... Seufzi, Ohnezahn!

Nein, du zündest nicht das Bett an, Ohnezahn. NICHT DAS BETT ANZÜNDEN! NICHT DAS BETT A… OH, OHNEZAHN!

Drache: (fröhlich) Hicks morgenblinzi! Hicks morgenblinzi! Widdu wimi im Schleimsee wassawedel?

Hicks ist wach! Hicks ist wach! Spielst du mit mir? (Wörtlich: Willst du mit mir im Matsch baden?)

SCHLAFEN? L-L-LAUTE MENSCHEN! SO R-RRÜCK-SICHTSLOS! LASST ARMEN O-O-OHNEZAHN DIE GANZE NACHT NICHT SCHLAFEN ...«

Damit kroch er wieder unter die Decke und war auf der Stelle eingeschlafen.

Hicks sprang mit einem Satz aus dem Bett und riss gleichzeitig sein Schwert aus der Scheide.

Torben der Teufelskerl hüpfte laut wehklagend im Zimmer umher und hielt sich seinen Fuß und sein Bein.

»Auauauauauauauau ...«

Der Albtraum war vorüber, so plötzlich, wie er gekommen war.

Jeglicher Kampfeswille schien Torben plötzlich abhandengekommen zu sein.

Er schälte sich aus seinem Kopfschutz, und als Hicks ihn jetzt im fahlen Mondlicht vor sich sah, erschien er ihm alles andere als furchterregend.

Seine Haut hatte immer noch diesen ungesunden grünlichen Schimmer und er sah sehr erschöpft aus.

»Ich kann es nicht tun«, sagte Torben. »Ich habe es hoch und heilig versprochen und habe mein Heldenehrenwort gegeben, dass ich dich töten werde. Aber ich schaffe es nicht. Es fühlt sich einfach nicht richtig an ...«

»Wollt Ihr damit etwa sagen«, fragte Hicks verblüfft, »dass Ihr, mein Bardigard, versucht habt, mich *umzubringen?*«

»So ist es«, antwortete Torben. »Ich habe es

versprochen.« Hicks stieß einen kleinen hysterischen Lacher aus. Das war wieder mal typisch Haudrauf. Engagiert der doch einen Bardigard, der auf seinen Sohn *aufpassen* soll, der in Wirklichkeit aber versucht, ihn *umzubringen!*

»Aber WEM habt Ihr versprochen, mich zu töten?«, flüsterte Hicks. »Und warum?«

Torben der Teufelskerl seufzte. »Ich glaube, ich muss dir meine Geschichte erzählen.«

Und in dieser stickigen und stillen nächtlichen Stunde (denn selbst die Sumpfdiebe und die Grimmbolde waren mittlerweile in tiefen Schlaf gefallen) begann Torben der Bardigard zu erzählen.

# 7. Torben der Teufelskerl erzählt seine Geschichte

»Vor langer, langer Zeit – es kommt mir wie eine Ewigkeit vor«, begann Torben der Teufelskerl, »war ich einmal sehr glücklich. Ich war noch ein junger Held und verliebte mich in eine hübsche junge Frau.«

»Hm, hm«, machte Hicks enttäuscht. Liebesgeschichten interessierten ihn nicht besonders.

»Oh, wie schön sie war!«, seufzte der Bardigard. »Diese lieblichen muskulösen weißen Beine! Diese mächtigen Schenkel! Ihr flaumiges Bärtchen! Ihr ausgezeichneter Schwertarm!«

»Ja, ist ja gut«, sagte Hicks schnell. »Wie geht's denn weiter?«

»Sie liebte mich auch – so dachte ich jedenfalls. Doch ihr Vater hatte sich in den Kopf gesetzt, dass sie nur einen Mann heiraten sollte, der SCHLAU war. Ich habe keine Ahnung, was DAS sollte. Jedenfalls stellte er mich vor eine Unmögliche Aufgabe, die ich erst lösen sollte, bevor er mir zur Belohnung die Hand seiner Tochter geben würde. Die Unmögliche Aufgabe, die er sich ausgedacht hatte, war, den Feuerstein von der Lavabold-Insel zu stehlen. Unmöglich war die Aufgabe deshalb, weil die Lavabolde zu jener Zeit selbst schon seit vielen, vielen Jahren nach ebendiesem Feuerstein suchten.

Kurz vor meiner Abreise trafen meine Liebste und ich uns noch einmal heimlich. Mein kleines Schätzchen mit ihrem reizenden Doppelkinn besaß einen einzigartig schönen, herzförmigen Rubin, den sie immer an einer Kette um den Hals trug. Sie hatte diesen Rubin in zwei Hälften geschnitten. Eine davon gab sie mir, die andere behielt sie selbst.

›Geh auf diese Abenteuerreise, wenn du unbedingt musst‹, hauchte mein Liebling. ›Aber ich habe ein ungutes Gefühl dabei, und sollte es so kommen, dass diese Schweine-im-Schlafrock von Lavabolden dich gefangen nehmen, schicke diesen Rubin im Maul deines Jagddrachen Famoso zu mir, sodass ich zu dir eilen und dich befreien kann.‹ Du musst wissen, dass meine Liebste selbst schon das eine oder andere Heldenabenteuer bestanden hatte und eine große Kriegerin war.

Ich versprach es und ritt auf meinem Weißen Drachen davon, um die Unmögliche Aufgabe zu erfüllen. Doch leider hatte ich das große Pech, von den Lavabolden erwischt zu werden, wie meine Liebste es befürchtet hatte, und mein Weißer Drache und ich wurden auf der Lavabold-Insel in Ketten gelegt. Noch größeres Pech war, dass mein treuer Jagddrache Famoso dabei den Tod fand, sodass ich den halben Rubin nicht zu ihr schicken und ihr mitteilen konnte, dass ich Hilfe brauchte.

Mehrere Monate arbeitete ich in den Lava-Gefängnisminen und war bald der Verzweiflung nahe. Dann freundete ich mich mit diesem Gefängnisaufseher an. Wunderbarer Winni war sein Name. Ein unglaublich netter Kerl, Hicks, immer ein Lächeln, wahnsinnig hilfsbereit und verständnisvoll! Ich erzählte ihm meine Geschichte und bat ihn, das Rubinherz zu meiner Angebeteten zu bringen und ihr zu erklären, dass sie mich aus diesem Gefängnis befreien musste, so schnell ihre lieblichen, prallen kurzen Beine sie nur hertragen konnten.«

An dieser Stelle wurde Torbens Stimme düster und traurig. Seine grünlich schimmernde Gesichtsfarbe wirkte im Mondlicht noch elender.

»Der Wunderbare Winni wollte das alles für mich tun, nur sollte ich ihm versprechen, auch ihm irgendwann in der Zukunft einen Gefallen zu tun. Er nahm mein Rubinherz, dann wartete ich voller Hoffnung auf die Ankunft meiner Liebsten. Ich ertrug die mörderische Hitze in den Minen, starrte aus meinem vergitterten Fenster in die Nacht hinaus und sehnte mein Herzblatt herbei. Tage wurden zu Monaten, Monate zu Jahren.

Aus Hoffnung wurde Verzweiflung. Doch sie kam nicht. Fünfzehn Jahre wartete ich, Hicks. Fünfzehn Jahre! Du kannst dir meine Überraschung vorstellen, als dann vor ein paar Monaten plötzlich der Wunderbare Winni wieder als Gefängnisaufseher auf der Lavabold-Insel auftauchte. Eines Nachts nahm er mich beiseite und erzählte mir, was mit meinem Rubinherz geschehen war.«

Torben sprach jetzt so leise, dass Hicks ihn kaum

verstehen konnte. »Winni erzählte mir, dass er das Rubinherz zu meiner Liebsten gebracht und ihr von meiner Gefangenschaft berichtet hatte. Und zu seinem grenzenlosen Erstaunen nahm meine Herzallerliebste, die mir hoch und heilig ewige Treue geschworen hatte, das Rubinherz und warf es in HOHEM BOGEN AUS DEM FENSTER UND INS MEER. Und während sie dies tat, sprach sie die folgenden herzlosen Worte: ›Dort habe ich schon die andere Hälfte hinausgeworfen, als ich erfuhr, dass Torben der Teufelskerl die Unmögliche Aufgabe nicht erfüllt hatte. Ich habe einen anderen Liebhaber gefunden, der mir bereits den Feuerstein gebracht hat. IHN werde ich heiraten.‹«

»Nein!«, rief Hicks aus. »Wie furchtbar herzlos von ihr!« Torben nickte traurig. »Ich habe diese Worte, die der Wunderbare Winni mir an jenem Tag überbrachte, nie vergessen. Solange ich lebe, werde ich sie nicht vergessen. Und von jenem Moment an, Hicks, habe ich mir geschworen, dass das Thema Liebe ein für alle Mal für mich erledigt ist.«

»Das kann ich gut verstehen!«, sagte Hicks.

Und plötzlich durchfuhr ihn ein schrecklicher Gedanke, so schrecklich, dass ihm das Herz so tief in die Hose sank wie ein Rubinherz auf den Grund des Meeres. Er hatte plötzlich das furchtbare Gefühl zu wissen, dass die Geschichte des Bardigards eine schrecklich unerwartete Wendung nehmen würde.

»Ähm«, begann Hicks nervös, denn er war *ganz und gar nicht* sicher, ob er die Antwort auf seine Frage *wirklich* hören wollte, »wie, sagtet Ihr, war noch mal der NAME Eurer Herzensdame?«

»Meiner Exherzensdame«, berichtigte Torben. »Der Name meiner Treulosen Herzensdame war …

… Valhallarama.«

Valhallarama war Hicks' Mutter.

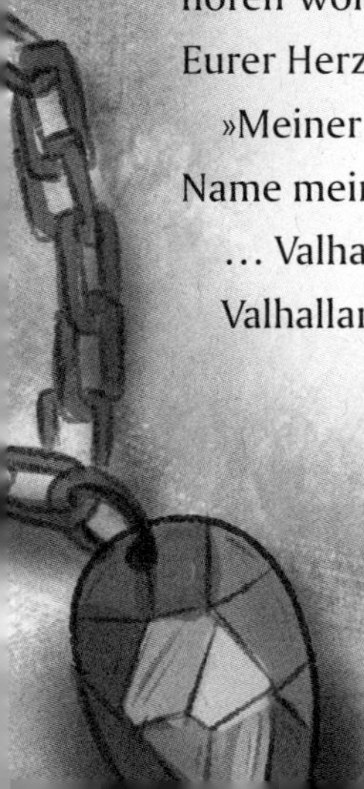

ICH WERDE GANZ BESTIMMT ZU DIR ZURÜCKKEHREN.
TORBEN + VALHALLARAMA = LIEBE

# 8. DIE SCHRECKLICH UNERWARTETE WENDUNG DER GESCHICHTE

»Nein«, flüsterte Hicks, »Das ist nicht wahr …«

»Doch«, erwiderte Torben seufzend, »ich fürchte, es ist wahr. Und es kommt noch schlimmer.«

»Wie könnte es noch schlimmer kommen?«, hauchte Hicks leichenblass.

»Deinem Vater gelang es, den Feuerstein zu stehlen. Er fand ihn direkt im INNERN des Vulkans. Deshalb hatten die Lavabolde ihn vorher nie entdeckt, obwohl sie sich durch die ganze Insel gegraben hatten. Doch Winni erklärte mir, dass der Feuerstein bestimmte chemische Stoffe absondert, die den Vulkan in einem Ruhezustand halten. Ohne diese Stoffe ist der Vulkan in den vergangenen fünfzehn Jahren immer aktiver geworden, sodass er JETZT kurz vor dem Ausbruch steht.«

Hicks starrte gedankenverloren aus dem Fenster. Im Laufe ihrer Unterredung war der schwarze Nachthimmel draußen allmählich grau geworden, dann türkis, während die Sonne schnell höher und höher stieg und sich ein weiterer brüllend heißer Tag ankündigte.

»Euer Freund, dieser Wunderbare Winni«, fragte Hicks, »was macht er eigentlich *jetzt?*«

»Nun, wenn du mich fragst, er ist ein bisschen durchgedreht«, räumte Torben ein. »Aber der arme Kerl hat auch so einiges mitgemacht in seinem Leben.«

Und Torben nahm seine Geschichte wieder auf.

»Kurz nachdem der Wunderbare Winni auf seinen Posten als Gefängnisaufseher zurückgekehrt war und das Gerumpel des Vulkans lauter und lauter wurde, begannen die ersten Exterminator-Drachen zu schlüpfen. Die Lavabolde verließen fluchtartig die Insel und überließen die Gefangenen ihrem Schicksal. Und auch wir machten, dass wir davonkamen. Bis auf Winni. Er kam auf die wahnwitzige Idee, diese Kreaturen zu ZÄHMEN. Deshalb hat er auf der ganzen Insel Statuen aufgestellt, lauter Winni-Riesen aus Stein. Offenbar ist er fest davon überzeugt, dass die Exterminator-Drachen, sobald sie schlüpfen, als Erstes sein Standbild sehen, ihn für ihren Anführer halten und ihm aufs Wort gehorchen.«

»Und was hat er mit den Exterminator-Drachen vor, wenn er sie gezähmt hat?«, fragte Hicks.

»Gute Taten, hat er gesagt«, erwiderte Torben und nickte voller Bewunderung. »Er glaubt fest, dass er sie davon abbringen wird, alles zu töten, was ihnen in die Quere kommt. Oh, er ist wirklich ein toller Kerl, dieser Winni, auch wenn er manchmal ein bisschen verrückt ist. Natürlich habe ich versucht, ihn zu überreden, die Insel mit mir zu verlassen, aber er wollte nicht. Und dann bat er mich um den Gefallen, den ich ihm vor all den Jahren versprochen hatte.«

»Was für ein Gefallen war das?«, fragte Hicks.

»DICH zu töten«, antwortete sein Bardigard. »Er sagte, du wärst der PRINZ DER DUNKELHEIT, ein Kind des Teufels, das unsagbares Unheil über die Inseln bringen würde. Er sagte, du hättest ihn an diesen Monsterwürger verfüttert, wobei er all seine Haare eingebüßt hat. Und dann hättest du ihn aus einem Ballon in ein Meer voller gefräßiger Haiwürmer geworfen …«

»Das war ganz allein SEINE Schuld!«, protestierte Hicks, der allmählich ahnte, um wen es sich bei dem Wunderbaren Winni wirklich handelte.

»Doch je näher ich dich in den vergangenen Wochen kennenlernte, desto mehr war ich überzeugt, dass er sich in dir getäuscht haben muss«, erklärte Torben. »Ich hab ja versucht, dich zu töten, aber jedes Mal habe ich dich in letzter Minute dann doch gerettet. Zuerst habe ich geglaubt, es wären nur meine heroischen Instinkte, die mir einen Streich spielten, doch dann habe ich gemerkt – ich *mag* dich, Hicks.«

»Danke«, sagte Hicks.

»Und ich bin dir nicht böse wegen dem, was geschehen ist. Nicht einmal *ihr* bin ich böse … nun ja, ein kleines bisschen vielleicht doch …«, gab Torben zu. »Und warum sie unbedingt diesen Barbaren Haudrauf heiraten musste, werde ich wohl nie begreifen …«

»Vergesst nicht, Ihr sprecht von meinem

Vater!«, warnte ihn Hicks. »Und er hat viele ausgezeichnete Qualitäten, wenn man ihn erst einmal ein bisschen besser kennt.«

»Nun, ich enttäusche den alten Winni zwar nur ungern«, sagte Torben, »aber du scheinst mir ein gutes Kerlchen zu sein und ich denke, Winni hat dich einfach nur auf dem falschen Fuß erwischt.«

»WIE sieht Euer Wunderbarer Winni eigentlich aus?«, fragte Hicks, obwohl er sicher war, dass er die Antwort kannte.

»Als ich ihn vor fünfzehn Jahren kennenlernte, war er ein extrem gut aussehender Kerl. Er war groß, dunkelhaarig und hatte einen äußerst gepflegten Schnurrbart, sogar unter Gefängnisbedingungen. Zu jener Zeit hatte er im Übrigen noch alle seine Gliedmaßen. Aber jetzt ... nun, er ist nicht mehr ganz so ansehnlich. Glatzköpfig, leicht übergewichtig, statt einer Hand hat er einen Haken, von einem Bein ist nur noch ein Stumpf übrig und eine Augenklappe verdeckt sein blindes Auge ...«

»Dachte ich mir's doch: ALWIN DER VERRÄTER, WIE ER LEIBT UND LEBT!«, fiel Hicks ihm ins Wort. »Ihr habt Euer Rubinherz ALWIN DEM VERRÄTER anvertraut!!!«

Alwin der Verräter war Hicks' Erzfeind, der niederträchtigste, gefährlichste Mensch auf dem ganzen Barbarenarchipel. Hicks war davon ausgegangen, dass er den Sturz in das Meer mit den Haiwürmern nicht überlebt hatte, aber Alwin ließ sich anscheinend nicht

# Der Exterminator-Drache

Wikingerdrachen und ihre Merkmale

Exterminator-Drachen gehören zu den Drachen der übelsten Sorte und sind ungemein gefährlich. Ein Rudel Exterminator-Drachen kann einen ganzen Landstrich auslöschen, indem es ihn einfach abfackelt. Sie haben lange, schwertähnliche Klauen und zwei Herzen. Sie töten aus Vergnügen.

Bewertung nach Punkten 0-10

so leicht umbringen. Das bedeutete, dass Valhallarama nicht die Verräterin war, für die Torben der Teufelskerl sie die ganzen Jahre gehalten hatte. Alwin hatte den Rubin NIEMALS überbracht. Er hatte ihn in die eigene Tasche gesteckt und dann all die niederträchtigen Lügen erfunden, die er Torben aufgetischt hatte.

»Alwin der WAS?«, fragte Torben. »Ich verstehe kein Wort von dem, was du da redest.«

»Alwin der Verräter ist der böseste Mensch des ganzen Archipels«, klärte Hicks ihn auf.

»Das ist jetzt aber wirklich nicht fair. Sicher, Winni hat sich in dir getäuscht, aber das kann man ihm wohl kaum verübeln, nach der Geschichte mit den Haiwürmern und so. Das musst du doch einsehen, Hicks«, sagte Torben. »Ihr würdet euch prächtig verstehen, wenn ihr euch erst einmal zusammengerauft habt, da bin ich mir ganz sicher.« Hicks saß da und überlegte, wie er jetzt am besten vorgehen sollte.

»Jetzt verstehe ich, warum Alt Faltl die ganze Zeit in diesem Brunnenloch sitzt«, sagte er.

»Wer ist Alt Faltl?«, fragte Torben.

»Alt Faltl ist Valhallaramas Vater«, erklärte Hicks, »mein Großvater. Er muss derjenige gewesen sein, der Euch die Unmögliche Aufgabe stellte, den Feuerstein zu finden.«

»HA!«, stieß Torben bitter hervor. »Er ist also an dem ganzen Schlamassel schuld!«

»Nun, offenbar denkt er das selbst auch«, sagte Hicks.

»Vor ungefähr einem Monat fing er an, ständig von einem DUNKLEN Verhängnis zu reden, das uns alle ereilen werde. Er behauptete, alles wäre seine Schuld, weil er versucht habe, das Schicksal zu beeinflussen. Dann verkündete er, er wolle ein Schweigegelübde ablegen und so lange in einem Loch sitzen bleiben, bis das Schicksal seinen Lauf genommen hätte, damit er sich nicht wieder einmischen könnte.

Zu der Zeit haben wir ihn alle kaum beachtet«, fuhr Hicks fort, »denn Alt Faltl ist manchmal etwas gaga. Aber jetzt ist plötzlich alles sonnenklar. Ich werde zu ihm gehen und ihn um Rat bitten. Das wird nicht einfach sein, schließlich hat er ein Schweigegelübde abgelegt. Aber ich muss es versuchen.« Hicks weckte Ohnezahn und setzte den verschlafenen kleinen Drachen auf seine Schulter. Dann drehte er sich zu Torben um. »Kommt Ihr nicht mit? Ihr seid immer noch mein Bardigard.«

Torben errötete. »Bist du sicher, dass du mich *noch immer* willst?«

»Aber klar«, sagte Hicks. »Ich finde, Ihr seid ein ausgezeichneter Bardigard. Selbst als Ihr versucht habt, mich umzubringen, habt Ihr mich jedes Mal auf wunderbare Weise vor Euch selbst gerettet. Wollen wir uns die Hand reichen?«

Die niedergeschlagene Miene des Exhelden hellte sich deutlich auf. Er lächelte sogar.

Sie gaben sich die Hand.

Ich bin eine tickende Zeitbombe

Der Vulkan rüttelt mich jeden Tag

Bald schüttelt er mich aus meiner Schale

Und ich spreize meine glühenden Klauen

Und dann ...

Flammen werden sich ausbreiten wie Wasserfluten

Die Berghänge hinab ins Tal

Bäume werden zu knisternden Kerzen

Reichen hinab mit ihren brennenden Fingern

bis zum Himmel

Ich verwandle alle Blumen und kleinen Dinge

Zu Asche und herrlichem Staub

# 9. WIE BEKOMMT MAN VON JEMANDEM, DER EIN SCHWEIGEGELÜBDE ABGELEGT HAT, EINEN RAT?

Bei Alt Faltls Loch handelte es sich um einen alten ausgetrockneten Brunnen von knapp zwei Metern Durchmesser, der wirklich ziemlich tief war. Hicks hatte ihn trotzdem jeden Tag besucht und ihm Essen gebracht. Vorsichtig kletterte er jetzt die Leiter hinunter. Er war sogar ganz froh, für eine Weile der feuchten Hitze zu entgehen. Je tiefer er hinabstieg, desto kühler wurde es. Sein Großvater war schon wach und saß Pfeife rauchend auf einem kleinen Schemel.

»Ich muss schon sagen«, begrüßte Hicks seinen Großvater, als er sich neben ihn hockte, »du hast richtig Glück mit dem Wetter. Meistens steht man im Sommer hier unten knöcheltief in Wasser und Schlamm.« Er räusperte sich verlegen. »Ich habe gerade alles herausgefunden … die ganze Geschichte über Torben den Teufelskerl … und den Feuerstein … und den Vulkan … und all das, was vor fünfzehn Jahren geschehen ist.«

Sein Großvater wandte das Gesicht ab.

»Also, *warum* hat Alwin der Verräter Torben beauftragt, mich zu töten?«, überlegte Hicks laut. »Er hätte es doch viel einfacher haben können. Er hätte auf der Lavabold-Insel sitzen bleiben können und auf den

Vulkanausbruch warten. Er scheint zu glauben, dass ich etwas tun könnte, um seine Pläne zu durchkreuzen … aber WAS sollte das sein? Wie sollte ich einen Vulkan daran hindern auszubrechen?«

Alt Faltl hörte für einen kurzen Moment auf zu rauchen, nahm eins seiner Bücher und begann, darin zu blättern. Auf einer Seite hielt er inne und zeigte mit seinem knochigen Finger darauf.

*DAS RÄTSEL DER LAVABOLD-INSEL,* las Hicks.

Durch die Brunnenöffnung hoch über ihnen wehte der Klang eines Signalhorns herein, mit der alle Wikinger zur Thing-Versammlung gerufen wurden. Eine Versammlung, bei der immer nur derjenige sprechen durfte, der den Feuerstein in der Hand hielt … eben jenen Feuerstein, den Haudrauf der Stoische aus dem Vulkan entwendet hatte, um die Hand von Valhallarama der Mächtig Schönen zu gewinnen. Das war vor nunmehr fünfzehn Jahren.

»DER FEUERSTEIN!«, rief Hicks aus. »Wir müssen den Feuerstein zum Vulkan ZURÜCKBRINGEN. Dann können wir vielleicht verhindern, dass er ausbricht! Keine Sorge, Großpapa, ich kriege das schon hin.«

Damit erklomm Hicks die Leiter, die zurück in die reale Welt führte.

DAS RÄTSEL DER LAVABOLD-INSEL
Mein kleiner Bruder ist weiß wie Milch, seine türlosen Wände sind weich wie Seide. Ich bin gelb, gelb wie das Feuer. Ein wertvoller Schatz, den die Menschen begehren. Wer den Feuerstein bricht, wird die Inseln beherrschen auf ewig.

# 10. DAS THING

»Das Thing« war für die Wikingerstämme, die sich sonst gerne gegenseitig die Köpfe einschlugen, eine ungewöhnlich friedliche Veranstaltung.

Es fand in einer riesigen, kreisförmigen Mulde an den Hängen des Großen Berges statt. Diese Mulde war ein gigantisches natürliches Amphitheater, dessen Stufen normalerweise mit Heide überwuchert und daher weich gepolstert waren. Leider waren diese natürlichen Sitzkissen durch unglückliche Umstände, die außerhalb der Verantwortung der Veranstalter lagen, kürzlich zu Asche verbrannt.

Vor dem Betreten des Amphitheaters musste jeder Teilnehmer seine Waffen auf einem großen Haufen ablegen – eine reine Vorsichtsmaßnahme für den Fall, dass die Diskussionen allzu hitzig wurden.

Man sah Irrwürg den Mörderischen, ins Gespräch vertieft mit Hinkebein dem Dickschädel, und seinen Sohn Schurki. Norbert die Hohlnuss, Häuptling der Tobsüchtigen, fingerte nervös an seinem Bart herum, weil er seine Axt hatte draußen ablegen müssen und nun nicht mehr wusste, was er mit seinen Händen anfangen sollte.

Der Grimmige Grapscher versuchte, sich vor Berta der Prallbusigen zu verstecken, weil er ihr vor ein paar Monaten einige Rentiere gemopst hatte. Die Hammerfäuste und die im wahrsten Sinne des Wortes atemberaubenden Brüste von Berta der Prallbusigen waren der Schrecken des gesamten Archipels.

Der Giftige Gimpel lieferte sich gerade einen Faustkampf mit Torsten dem Tollpatsch, weil der sich über seine leuchtend gelben Gamaschen lustig gemacht hatte. Kamikazzi, die sehr kleine, zottelhaarige Tochter von Berta der Prallbusigen, war damit beschäftigt, dem ahnungslosen Grapscher vorsichtig Juckwürmer in den Hosenbund zu stecken – ein heimlicher Racheakt für den eben erwähnten Vorfall mit den Rentieren.

Die Drachen der Wikinger wuselten mit ohrenbetäubendem Kreischen über den Köpfen und zwischen den Beinen der Gäste herum und brachten so manchen dabei zu Fall. Sie schnappten wahllos um sich und mussten von ihren jeweiligen Besitzern gewaltsam auseinandergerissen werden, wenn sie sich ineinander verbissen hatten.

Und dort, in der ersten Reihe dieser chaotisch schreienden und kampflustigen Meute, thronte würdevoll und mit stolz geschwellter Brust Haudrauf der Stoische.

Direkt vor ihm auf einem kleinen Sockel ruhte der Feuerstein. Denn kein Geringerer als ER, Haudrauf der Stoische, hatte diesen Stein mit seinen eigenen klobigen Händen aus dem Vulkan entwendet. Und das machte IHN zum wichtigsten Mann dieser Veranstaltung.

Ohne den Feuerstein konnte das Thing nicht stattfinden. Denn nur wer diesen Stein in der Hand hielt, durfte sprechen, damit nicht alle gleichzeitig durcheinanderredeten. Der Große Borstengarstige Bücherhüter vom Stamm der Dickschädel blies kräftig in sein Signalhorn. Dann nahm er den goldenen Feuerstein in seine ehrwürdigen alten Hände. »DIE SPIELER AUF DÄM FÄLD MÖGEN IHRE PLÄTZE EINNÄHMEN!«, rief er krächzend. Danach rang er röchelnd nach Atem, als würde er aus dem letzten Loch pfeifen. Die erlesensten Krieger eines jeden Stammes traten in die Arena und ließen ihre Muskeln spielen.

Dabei explodierte das Amphitheater beinahe vor Lärm, als die Zuschauer rundherum auf ihren rußgeschwärzten Sitzen plötzlich in ohrenbetäubendes Jubelgeschrei ausbrachen und ihre Mannschaften anfeuerten.

»DICKSCHÄDEL VOR!«, »NIEDER MIT DEN GRIMMBOLDEN, NIEDER MIT IHNEN!«, »WESTGROBIANE! WESTGROBIANE!«, tönte es von den Rängen.

Der Große Borstengarstige Bücherhüter stieß ein zweites Mal in sein Horn. Dann schleuderte er den Feuerstein hoch in die Luft.

Auf dem Spielfeld brach die reinste Hölle los, ein wüstes Gerangel, bei dem sich die Krieger gegenseitig aus dem Weg rempelten und schubsten. Jeder versuchte, sich die beste Position zu sichern, um den Stein als Erster aufzufangen. Die Zuschauer schrien sich die Lunge aus dem Hals, einige hielt es kaum noch auf ihren Plätzen. Am liebsten wären sie mit aufs Spielfeld gestürmt.

Kurzbein dem Miesepeter gelang es schließlich – wenn auch unter Einsatz wenig ruhmreicher Methoden –, den Stein zu fangen.

Dann verschwanden beide, sowohl Kurzbein als auch der Feuerstein, unter einem schreienden Gedränge und einem Wirrwarr muskulöser Arme und Beine und tätowierter Fäuste.

Haudrauf der Stoische wartete seelenruhig in einiger Entfernung unweit des Sockels. Er war zuversichtlich, dass seine Krieger die Kastanie schon für ihn aus dem Feuer holen würden.

Und tatsächlich tauchte nach wenigen Minuten die tellergroße Pranke von Grobian dem Rülpser aus dem Gemenge auf, die den Stein zu dem größeren der Zweifelhaften Zwillinge hinüberwarf, dem wiederum ein langer Pass zu Haudrauf dem Stoischen gelang … Haudrauf wich geschickt dem Dickschädel-Häuptling Hinkebein aus, ließ Irrwürg den Mörderischen locker an seiner mächtigen Wampe abprallen, fischte den Stein mit sicherer Hand aus der Luft und knallte ihn auf den Sockel.

»TOOOOOR!!! TOOOOOR!!! TOOOOOR!!!«, grölten die überglücklichen Raufbolde. »HAU-DRAUF! HAU-DRAUF! RUHE, HAUDRAUF HAT DAS WORT!!«

Nach den Regeln des Thing durfte niemand auch nur mit den Zehen wackeln, während man dem Redner lauschte. Also mussten die im Gedränge verschlungenen

Krieger mitten im Gefecht genauso liegen und stehen bleiben, wie sie waren, während Haudrauf das Wort ergriff.

Haudrauf der Stoische hielt feierlich den Feuerstein in die Höhe und räusperte sich bedeutungsvoll.

»Verehrte Freunde, Feinde und Mit-Barbaren!«, dröhnte Haudrauf. »Wir stehen heute alle einem Gemeinsamen Feind gegenüber, einem furchtbaren Feind, wie man ihn seit Hunderten von Jahren nicht mehr in unserem Lande erlebt hat. Diese Extermi-Dingsda sind im Anmarsch. Und es sind nicht gerade wenige, wie es scheint. SOLLEN WIR ETWA VOR IHNEN DAVONLAUFEN WIE DIESE FEIGEN HASENHERZEN VON LAVABOLDEN?«

»NEIIIIIN!!«, grölten die Wikinger zurück und ließen das verkohlte Heidekraut unter ihren stampfenden Füßen erzittern. (Man durfte antworten, wenn man gefragt wurde.)

»Könntet Ihr das bitte noch mal sagen?«, fragte Kurzbein der Miesepeter, der in der untersten Schicht des Gedränges lag und nichts hörte, weil Grapschers Ellbogen in seinem Ohr steckte.

»ICH SAGE, WIR KÄMPFEN!«, schrie Haudrauf der Stoische. »SEID IHR DABEI?«

»JAAAAAAAA!«, brüllten die anderen inbrünstig.

»GEHÖREN WIR ZU DENEN, DIE SICH VON EINEM LÄPPISCHEN VULKANAUSBRUCH UNTERKRIEGEN LASSEN?«, fragte Haudrauf der Stoische in voller Lautstärke.

»NEIIIIIN!!!!!«, grölten die Wikinger zurück.

»DARAUF KÖNNT IHR EURE WARZEN VERWETTEN!«, schrie Haudrauf. »DENN WIR SIND BARBAREN, UND WAS ZEICHNET DIE BARBAREN AUS? RICHTIG: WIR ERGEBEN UNS NIEMALS, NICHTS UND NIEMANDEM! HE, JUNGS, WER SINGT UNS DAS BARBAREN-LIED?«

Die Wikinger sprangen alle gleichzeitig von ihren Plätzen auf und sangen sich die Seele aus dem Leib.

Haudrauf dirigierte den gewaltigen Chor mit einer Hand, in der anderen klobigen Pranke hielt er den Stein wie einen Bummsball: »HERRSCHE. BARBARIA! BARBARIA. BEHERRSCHE DIE WELLEN! BARBAREN WERDEN NIEMALS SKLAVEN SEIN …« Hicks und Torben waren kurz nach dem zweiten Hornsignal beim Thing angekommen und Torben verfolgte das Geschehen mit offenem Mund.

Das hier war eine Form von Demokratie, von der er niemals zu *träumen* gewagt hätte.

»Okay«, flüsterte Hicks, »die Redeminute meines Vaters ist gleich um. Ich möchte, dass Ihr Euch, so nahe es geht, auf den Sockel zubewegt, Torben. Macht Euch bereit, Euch den Stein zu schnappen …«

»Also dann, auf in den Kampf!«, sagte Torben und ließ elegant seinen Bizeps spielen. Dieser Wettkampf war ganz nach seinem Geschmack.

Hicks gesellte sich zu Kamikazzi, die die Mannschaft der Sumpfdiebe anfeuerte.

Obwohl sie zu einem anderen Stamm gehörte, waren die beiden gute Freunde.

»Kamikazzi, kannst du mir einen Gefallen tun und dir beim nächsten Hornsignal den Stein schnappen?«, fragte Hicks.

»Aber du stehst doch auf der anderen Seite!«, rief Kamikazzi überrascht.

»Oh, ich spiele nicht für die Raufbolde«, erklärte Hicks. »Ich habe eine eigene Mannschaft gegründet.«

»Oh, alles klar«, sagte Kamikazzi aufgeregt. »Danke, dass du mich ausgesucht hast!«

Sie war gleich Feuer und Flamme, denn von Berta der Prallbusigen, ihrer Mutter, musste sie sich ständig anhören, dass sie viel zu klein sei, um beim Thing mitzuspielen.

»Ich möchte, dass du dir den Stein schnappst und ihn dann dem großen gut aussehenden Kerl dort drüben zuwirfst.« Hicks zeigte auf Torben. »Schaffst du das?«

»Na klar, was denkst *du denn!«,* schnaubte Kamikazzi. »Es gibt nichts, was wir Sumpfdiebe nicht klauen können. Du solltest mal versuchen, Irrwürg dem Mörderischen die Unterhose zu stehlen. Dagegen ist das hier reinster BABYKRAM. Aufgepasst, Hicks, alter Junge, schau genau hin und lerne daraus!«

Damit hüpfte Kamikazzi fröhlich ins Gedränge.

Der Große Borstengarstige Bücherhüter blies ins Signalhorn, Haudraufs Redeminute war zu Ende.

Ein Tosen ging durch die Menge der Zuschauer, als Haudrauf den Stein hoch in die Luft warf. Ein ganzer Wald aus Armen streckte sich aus dem Gedränge, um ihn aufzufangen. Dann war der Stein nicht mehr zu sehen.

Haudrauf wartete gelassen, darauf vertrauend, dass Grobian der Rülpser den Stein wieder herausholen würde, damit er, Haudrauf der Stoische, wieder das Wort ergreifen konnte. Grobian der Rülpser war der beste Bummsball-Spieler weit und breit. Und das hieß, dass Haudrauf und seine Raufbolde den Ablauf des Things normalerweise jedes Mal fest in der Hand hatten.

Doch wie staunte Haudrauf, als der goldene Feuerstein aus dem wilden Knäuel wieder auftauchte, nur diesmal in den Armen eines kleinen Knirpses mit langem blonden Haarschopf. Der Dreikäsehoch krabbelte einem stämmigen Westgrobian unter den Beinen durch, wich dem Angriff eines riesenhaften, schwerfälligen Grimmbolds aus und warf einen wirklich großartigen langen Pass hinüber zu …

… Torben dem Teufelskerl, der heldenhafter und makelloser aussah denn je!

Was, bei Wotans wolliger Achselhöhle, machte der denn auf dem Spielfeld? Wie eine Dampfwalze stürmte Haudrauf auf Torben los und versuchte, den Stein abzufangen. Leider konnte Torben der Versuchung nicht widerstehen, ein klein wenig anzugeben. Mit einem eleganten, kleinen Schritt zur Seite ließ er Haudrauf ins Leere laufen, fischte den Stein aus der Luft und jonglierte ihn von einer Hand in die andere, während Haudrauf unbeholfen danach grapschte. Dann ließ er den Stein direkt vor Haudraufs Nase verführerisch auf der Fingerspitze kreiseln, bevor er ihn anmutig auf dem Sockel platzierte.

Wer wollte Torben diesen netten kleinen Streich verübeln?

»TOOOOOOOOR!«, brüllte die Menge. »SUPER BALLARBEIT!«

»SCHIEBUNG!«, beschwerte Haudrauf sich in voller

Lautstärke. »FÜR WELCHE MANNSCHAFT SPIELT DER KERL ÜBERHAUPT?«

Torben der Teufelskerl reichte den Feuerstein an Hicks weiter. Hicks räusperte sich verlegen und stieg auf den Sockel. Es würde nicht leicht werden.

»Äh, also, er spielt für MEINE Mannschaft. Tut mir leid, Vater.« Dann rief Hicks, so laut er konnte: »HÖRT MICH AN, DENN ICH HALTE DEN STEIN! Es hat keinen Sinn zu kämpfen! Die Exterminator-Plage, die uns bevorsteht, ist einfach viel zu groß! Ich möchte Euch Torben den Teufelskerl vorstellen.«

Die versammelten Wikingerstämme schnappten vor Erstaunen nach Luft, vereinzelte Rufe wurden laut. »HÖRT, HÖRT! Torben der Held! Wo hat DER denn die letzten fünfzehn Jahre gesteckt?«

»Torben der Held? War das nicht der, der auszog, die Gemeinen Gnome zu zähmen? Oh, sieh nur, dieser Schnurrbart, sollte ich meinen nicht auch so tragen …?«

Hicks bat mit erhobener Hand um Ruhe. »Torben war selbst auf der Lavabold-Insel und hat mir erzählt, dass dort TAUSENDE von Exterminator-Eiern liegen. Ist es nicht so, Torben?«

Hicks reichte den Stein an Torben weiter.

»Das kann ich nur bestätigen, Leute«, ergriff Torben das Wort. »HUNDERTTAUSENDE … Glaubt mir, es ist sinnlos, gegen diese Kreaturen zu kämpfen. Mein Wort als Exheld darauf!«

Die Wikingerstämme hatten genug gehört.

Wenn schon Torben der Held, der mutigste, erfahrenste Krieger des Archipels, der die Gemeinen Gnome geschlagen hatte, der gegen die Giftigen Geifer gekämpft hatte und der seinerzeit Tausende von gewagten Heldenabenteuern bestanden hatte, wenn ER meinte, sie sollten lieber fliehen, so konnte das nur eins heißen: NICHTS WIE WEG HIER!

Die Wikinger sprangen alle gleichzeitig auf und verließen fluchtartig wie eine in Panik geratene Rentierherde das Thing: Dickschädel, Grimmbolde, Hässliche Rowdys und alle anderen.

»SO WARTET DOCH«, schrie Hicks aus Leibeskräften. »ICH HALTE IMMER NOCH DEN STEIN! HÖRT MIR ZU! ES GIBT NÄMLICH VIELLEICHT DOCH EINEN AUSWEG. MEIN VATER HAT RECHT, WIR MÜSSEN NICHT AUFGEBEN … WIR KÖNNTEN DEN FEUERSTEIN IN DEN VULKAN ZURÜCKBRINGEN UND SO EINEN AUSBRUCH VERHINDERN …« Aber niemand schenkte ihm noch Gehör. Die Thing-Teilnehmer stürmten in panischer Flucht aus dem Amphitheater und rannten Hals über Kopf hinunter zum Hafen. Jeder wollte als Erster zu seinem Schiff gelangen und diese gefährliche Gegend so schnell wie möglich verlassen.

»Ähm … was machen wir denn jetzt, Häuptling?«, fragte Grobian der Rülpser.

Haudraufs Gesicht glich einer schwarzen Gewitterwolke.

»VERRATEN! VON MEINEM EIGENEN FLEISCH UND BLUT!«, tobte der Häuptling der Räuberischen Raufbolde außer sich.

Hicks duckte sich.

Sein Vater riss ihm den Stein aus den Händen und richtete sich zu seiner vollen majestätischen Größe auf.

»UNSER LIEBER HICKS WILL ALSO WEGLAUFEN«, dröhnte Haudrauf.

»Neinnein, das habe ich NICHT gesagt, bitte, HÖR MIR ZU, ich denke, wir sollten …«

»RUHE!«, donnerte Haudrauf. »JETZT BIN ICH DRAN!« Hicks verstummte.

Haudrauf musste sich mächtig anstrengen, um seinen Zorn im Zaum zu halten, was ihm unter Aufbietung aller Kräfte schließlich auch gelang. Dann sprach er so erhaben und würdevoll, wie man es von einem Häuptling erwartete: »Mein Sohn will mich verlassen und jedem von euch steht es frei, sich ihm anzuschließen. Aber *ich* werde nirgends hingehen. *Ich* werde mich nicht von der Stelle bewegen. Und wenn es sein muss, werde ich bis zum bitteren Ende kämpfen. Getreu dem Wahlspruch der Hartnäckigen vom Hauenstein ›Wir ergeben uns nie‹.«

Die Raufbold-Krieger sahen sich unsicher an.

»Und wir werden an deiner Seite kämpfen!«, schrie Rotznase endlich.

Hicks musste mit ansehen, wie sein Vater seinem hämisch grinsenden Cousin auf die Schulter klopfte und ihm sagte, wie froh er war, dass wenigstens *einer* den Geist der Hartnäckigen vom Hauenstein in sich trug.

»WIR ERGEBEN UNS NIE!«, brüllten die Raufbolde außer Rand und Band.

Daraufhin stimmten alle gemeinsam den immer lauter anschwellenden Refrain von »Das sumpfigste Land der Welt ist mein Barbarenland«. Ein wunderbarer, herzergreifender Männerchor, der selbst die Götter auf ihren Donnerwolken zu Tränen gerührt hätte.

»Alter Schwede!«, stöhnte Hicks, während seine Schultern noch weiter heruntersackten.

»Was machst *du* eigentlich noch hier?«, schnauzte sein Vater. »Ich dachte, du wolltest abhauen?« Damit wies er unmissverständlich auf den Ausgang des Amphitheaters. Draußen wartete Fischbein bereits auf Hicks, mit seinem Fluchtkoffer auf dem Rücken.

»Und, wie ist es gelaufen?«, fragte er eifrig. »Anscheinend haben sie doch endlich Vernunft angenommen.«

»Alle außer uns Raufbolden«, erklärte Hicks düster. »Angeblich ERGEBEN WIR UNS NIE.«

»Recht habt ihr«, rief Kamikazzi, die plötzlich wie aus dem Nichts auftauchte und übereifrig mit ihrem Schwert fuchtelte. »Ich schäme mich für unsere Sumpfdiebe, beim kleinsten Anzeichen von Gefahr laufen sie davon wie die Hasen! Also, wie lautet der Plan, Hicks? Was macht die Hicks-Mannschaft jetzt?«

»Ohne die anderen Raufbolde können wir doch nicht einfach abhauen«, meinte Hicks. »Und sie werden bleiben, egal, was passiert, so viel ist sicher. In diesem Fall haben wir gar keine andere Wahl: *Wir* müssen versuchen, den Vulkanausbruch zu verhindern.«

Fischbein klappte die Kinnlade runter. »Ich muss mich wohl verhört haben. Den Vulkanausbruch verhindern? Wie willst du das denn machen? Mit bloßen Händen? Oder sollen wir ihn ganz lieb bitten?«

»Wenn der Feuerstein so mächtig ist, dass er den Vulkan über Tausende und Abertausende von Jahren ruhig halten kann, dann könnten wir vielleicht einen Ausbruch verhindern, indem wir den Stein in den Vulkan ZURÜCKBRINGEN …«, erklärte Hicks.

»Vielleicht!«, quiekte Fischbein. »Und was ist, wenn *nicht?«*

Darauf antwortete Hicks nicht.

»Uh, wie *aufregend!«* Kamikazzi strahlte übers ganze Gesicht bei der Aussicht auf dieses wahnsinnig gefährliche Heldenabenteuer.

Triumphierend zog sie etwas unter ihrem Wams hervor: den Feuerstein.

Hicks pfiff anerkennend durch die Zähne. »Wie hast du das denn geschafft?«

»Den hab ich direkt vor Haudraufs dicker Nase weggemopst, während er dieses alberne Lied trällerte«, erklärte Kamikazzi kess.

Torben machte Anstalten zu gehen, aber Hicks hielt ihn zurück.

»Wo wollt *Ihr* denn jetzt hin? Ihr müsst uns doch den Weg zur Lavabold-Insel zeigen.«

»Demnach bin ich wohl immer noch dein Bardigard«, sagte Torben. »Aber ich werde euch nur bis zur Insel begleiten. Auf den Vulkan klettern ist Helden-Arbeit und ich habe mich für alle Zeiten aus dem Helden-Geschäft zurückgezogen.«

»Also dann«, sagte Hicks forsch, »alles, was wir tun müssen, ist: uns ein schnelles Boot ausleihen, zur Lavabold-Insel segeln, den Stein in den Vulkan schmeißen, bevor er ausbricht, und dann wieder nach Hause segeln. Alle mir nach!«

»Na, wenn's weiter nichts ist!«, bemerkte Fischbein seufzend.

Als Erstes mussten sie sich durch das Gewühl der fliehenden Wikinger kämpfen, die in Scharen Richtung Hafen strömten.

Sie entschieden sich für den *Wanderfalken,* das schnellste Schiff der Raufbold-Flotte.

»Wir bringen es auch wieder zurück«, sagte Hicks zu sich selbst, als wollte er sein Gewissen beruhigen. »Und wenn wir nicht … nun, wenn nicht … dann ist es sowieso egal.« Mit diesem aufmunternden Gedanken im Kopf und unter der sengenden Hitze des Sonnigen Sonntags segelte Hicks, begleitet von Fischbein, Kamikazzi, Torben dem Exhelden, Ohnezahn, dem Espenlaubler und dem Weißen Drachen einem neuen Abenteuer entgegen: dem Wir-verhindern-den-Vulkanausbruch-Heldenabenteuer.

# 11. DAS WIR-VERHINDERN-DEN-VULKANAUSBRUCH-HELDENABENTEUER

Der *Wanderfalke* war in der Tat ein sehr schnelles Schiff. Es herrschte immer noch brütende Hitze, doch es lag ein Wetterumschwung in der Luft. Über der See schien sich ein Sturm zusammenzubrauen.

Monatelang hatte das Meer rund um die Insel Berk gespenstisch ruhig und glatt dagelegen wie eine Pfütze. Seit Tagesanbruch fegte jedoch ein heißer Wind über das Archipel. Von den verkohlten Hängen des Großen

Bergs wirbelten die stürmischen Böen Ruß auf und scheuchten ihn in großen Flocken wie Herbstlaub über die Insel Berk und das trübe Meer.

Nur ein paar Stunden später hatte dieser Wind sie aus dem Archipel hinaus auf die offene See getrieben. Hoch über ihren Köpfen flogen ihnen ganze Drachen-Schwärme entgegen, die von der Lavabold-Insel flohen. Bald kam auch eine bedrohlich dunkle Rauchwolke aus derselben Richtung. Ab und an hörte man ein tiefes Rumpeln, wobei nicht zu unterscheiden war, ob es aus dem Vulkan kam oder ob es sich um Donnergrollen handelte.

*Ich wünschte, ich hätte meinem Vater erklären können, was ich vorhabe,* dachte Hicks und blickte wehmütig zurück zu den fernen Umrissen der Insel Berk. Irgendwie schaffte er es immer, ohne es zu wollen, seinen Vater zu enttäuschen. *Ich wünschte, er würde mich nicht für einen Verräter halten … wenn wir es nicht schaffen, wird er WIRKLICH denken, ich wäre einfach weggelaufen … Ach, wenn er mir doch nur ZUGEHÖRT hätte …*

Aber Haudrauf hörte selten richtig zu.

Fischbein umklammerte seinen Fluchtkoffer und murmelte monoton vor sich hin: »Dies ist keine gute Idee … dies ist keine gute Idee…. gar keine gute Idee …«

»Ich bin mir nicht ganz sicher, was der kleine Kerl mit dem Fischgesicht für die Mannschaft leistet, Hicks«, raunte Torben Hicks zu. »Du bist der Anführer, die kleine

Blonde ist die Stein-Trägerin, aber was macht *er?* Der zieht uns alle runter mit seiner Angst.«

»Lasst Euch nicht von Äußerlichkeiten täuschen«, flüsterte Hicks zurück. »Er ist ein echter *Berserker.«*

»Tatsächlich?« Torben schien ehrlich überrascht. Er wusste aus eigener Erfahrung, dass Berserker in der Regel wesentlich GRÖSSER waren und normalerweise weder an Asthma noch an Hautausschlag oder X-Beinen litten.

Bald zeichnete sich vor ihnen die Lavabold-Insel mit ihrem weithin sichtbar rauchenden Vulkan am Horizont ab. Der Anblick war so düster und bedrohlich, dass selbst der sonst so vorwitzige Ohnezahn sicherheitshalber auf Hicks' Schultern landete.

Elend und Unglück schienen die Insel seit langer Zeit im Griff zu haben, denn das Land erzitterte unter fiebrigen Schauern. Ein tiefes, widerhallendes Beben ließ lauter kleine nervöse Wellen über das Meer zucken.

Die schwarz verkohlte Oberfläche der Insel schien über und über mit grünlich gelben Pickeln und Pusteln gesprenkelt zu sein, als wäre sie von irgendeiner furchtbaren ansteckenden Krankheit befallen. Beim Näherkommen erkannten sie, dass es sich weder um Pickel noch um Pusteln handelte, sondern um grünlich gelbe Eier: Tausende und Abertausende von bösen kleinen Exterminator-Eiern, die nur darauf warteten, dass der Vulkan endlich ausbrechen würde. Denn im selben

Moment würde die Exterminator-Brut endlich schlüpfen können und das gesamte Archipel in eine Aschenwüste verwandeln.

Die jungen Helden entdeckten eine lang gezogene, hufeisenförmige Bucht, in der sie an Land gehen konnten. Pfeilschnell glitt der *Wanderfalke* durchs Flachwasser, bis sein Bauch knirschend auf dem schwarzen Sand aufsetzte.

Der Espenlaubler-Drache war eindeutig nicht bereit, auch nur einen Fuß auf diese unheimliche Insel zu setzen. Torben seufzte. »Ich fahre wohl besser mit dem Boot ein Stück raus und warte dort, für den Fall, dass … für den Fall, dass ihr …«

Was er eigentlich hatte sagen wollen, hing unausgesprochen in der Luft: … *für den Fall, dass ihr, durch irgendein unerhörtes Wunder, tatsächlich lebend zurückkommen solltet.*

»Kopf hoch, Jungs!«, rief Torben ihnen nach. Widerstrebend begannen die drei seltsamen Helden, die Uferböschung hinaufzustapfen.

Fischbein schleppte natürlich seinen Fluchtkoffer mit. Er kam sich zwar selbst etwas dumm vor, aber irgendwie fühlte er sich *sicherer,* wenn er ihn bei sich trug. Und mutiger. So als könnte er jederzeit weglaufen, wenn er wollte. Und für den schlimmsten Fall hätte er ein paar schöne saubere Socken und Unterhosen dabei, wenn er in Walhalla ankam.

# 12. WILLKOMMEN AUF DER LAVABOLD-INSEL

Wo man auch hinsah, überall war der Boden mit Exterminator-Eiern übersät. Sie lagen dicht an dicht, sodass Hicks und seine Gefährten bei jedem Schritt Angst haben mussten, auf ein Drachenei zu treten. Vor vielen Hunderten von Jahren waren sie gelegt worden. Mittlerweile waren sie tief eingebettet in ihren Erdkuhlen und im Laufe der Zeit von allerlei Gras, Moos, Farn und Heidekraut überwuchert. Erst vor Kurzem war rundherum die ganze Vegetation niedergebrannt, sodass die Eier wie fette weiße Maden wieder zum Vorschein gekommen waren.

Aus sämtlichen Richtungen drangen wilde Kratzgeräusche an ihre Ohren. Zuerst wussten die jungen Wikinger nicht, woher die Geräusche kamen. Dann sahen sie, dass die Schale der Eier immer dünner und durchsichtiger wurde, je höher sie den Hang hinaufstiegen. Ihre Geschwister-Eier weiter unterhalb der Böschung hatten noch dick und speckig weiß ausgesehen. Hier oben jedoch waren die Schalen bereits wie altes chinesisches Porzellan von feinen Rissen durchzogen. Teilweise war schon gut zu erkennen, wie die kleinen Exterminator-Drachen sich im Inneren zu einem wütenden Knäuel verschlungen hatten. Sie waren im Laufe der

Jahrhunderte so groß geworden, dass sie in ihren Ei-Gefängnissen kaum noch Platz fanden. Ihre Gliedmaßen waren grotesk verdreht und verbogen, und mit ihren scharfen Krallen bearbeiteten sie fieberhaft die harte Außenschale.

Wer einmal einem Exterminator-Drachen in die Augen gesehen hat, wird diesen Anblick nie vergessen. Denn aus diesen Augen springt einem der geballte, blanke und weiß glühende ZORN entgegen, die Iris zuckt und pulsiert vor unbändiger Wut – ein Anblick, der jeden Menschen bis ans Ende seiner Tage in jeder wachen Minute und bis in seine nächtlichen Albträume verfolgen wird.

Über diese grausigen, schleimig durchsichtigen Monster-Eier mussten die jungen Wikinger hinwegsteigen, während die Augen der Exterminator-Drachen sie mit ohnmächtigem Zorn böse anfunkelten und ihr Kratzen mit jedem Schritt lauter und rasender wurde.

»Igitt … Bäh … das ist ja eklig …«, ächzte Fischbein und stieß im nächsten Moment einen spitzen Schrei aus, als er ausrutschte und der Länge nach hinfiel. Er landete mit dem Gesicht direkt auf einem Ei, Auge in Auge mit der rasenden Kreatur im Inneren, die mit ihren messerscharfen Krallen wie eine Furie an der Schale kratzte.

Als Ohnezahn sah, dass die fleischfressenden Bestien in ihren Eiern gefangen waren und sich nicht wehren konnten, fing er an, sie ein bisschen zu ärgern.

Er flatterte aufreizend um sie herum, ließ sich auf den Eiern nieder, streckte den gefangenen Furien die Zunge heraus oder schnitt ihnen eine Grimasse. Das versetzte sie dermaßen in Rage, dass sie versuchten, sich auf ihn zu stürzen. Womit sie jedoch nur erreichten, dass ihre Eier in ihren verkohlten Mulden leicht hin und her wackelten.

Ohnezahn fand seinen Streich sehr gelungen und wollte gar nicht mehr aufhören, auch wenn Hicks ihn mehrmals ermahnte, die Exterminator-Drachen nicht wütender zu machen, als sie ohnehin schon waren.

Drachen haben nun mal einen Hang zur Grausamkeit. Ohnezahn stand seiner Art in nichts nach und erfand sogar ein Spottlied über die Exterminator-Drachen. Während er das ein oder andere Ei vorwitzig mit der Nase anstupste und den Hang hinunterrollen ließ, gab er Pupsgeräusche von sich und trällerte lautstark:

»Ihr k-k-kriegt mich nicht, nein, nein,
ihr Extermi-Knaben,
ihr Frösche ohne Bein',
ihr eingemachten Maden,
heult nur in euer Ei hinein,
MICH k-k-kriegt ihr nicht, neinnein!«

Auf ihrem Weg kamen sie an den düsteren Eingängen zu den Feuer-Gold-Minen vorbei, aus denen riesige Rauch- und Goldstaub-Wolken hervorquollen. Hicks schnürte es fast die Kehle zu, als er in diese finsteren Höhlen hinabblickte, wo sich in der Tiefe verhängnisvoll leuchtende Magmaströme schlängelten. Er stellte sich vor, welche Qualen der arme Espenlaubler-Drache ausgestanden haben musste, als man ihn dort hineingezwungen hatte und er sich wie eine Fliege ohne Flügel gewehrt hatte.

Das Lavabold-Dorf gab einen noch düsteren Einblick in das Leben, das Torben geführt haben musste, als er fünfzehn Jahre von diesen habgierigen Wilden wie ein Sklave gefangen gehalten wurde.

Überall sahen sie auf EISENKÄFIGE, Eisenfesseln, Ketten, Peitschen und Waffen aller Art, Hütten mit vergitterten Fenstern und Schlaflager aus Stein oder Eisen. Kein Wunder, dass der arme Torben nie wieder einen Fuß auf diese Insel setzen wollte.

Beklommen wanderten Hicks und Kamikazzi weiter. Fischbein folgte mit leichtem Abstand, er pustete und schnaufte kurzatmig wie eine asthmatische Lokomotive, schleppte aber immer noch verbissen seinen Fluchtkoffer auf dem Rücken.

In regelmäßigen Abständen trafen sie auf diese eigenartigen Statuen, wie Torben der Teufelskerl sie beschrieben hatte. Meist thronten sie auf markanten Felsen, sodass sie für alle Eier in weitem Umkreis gut zu sehen waren.

Die Statuen hatten steinerne Gesichter von ungefähr dreifacher Lebensgröße, die alle ein *bisschen* so aussahen wie Alwin der Verräter, zumindest soweit Hicks sich an ihn erinnern konnte.

Von Alwin dem Verräter selbst jedoch fehlte jede Spur. Bis hierher war alles erstaunlich einfach gewesen und sie hatten sich ohne große Zwischenfälle bis auf vier- oder fünfhundert Meter der Spitze des Vulkans genähert.

Jetzt mussten sie nur noch das kleine Stück bis zum Gipfel schaffen, den Feuerstein über den Kraterrand werfen und dann schnell wieder zurück zum Hafen rennen.

Bald hatten sie es geschafft …

… ganz bald …

Sie hatten noch knapp fünfzehn Meter vor sich, als über ihnen ein großes ETWAS seinen schwarzen Fuß über den Rand des Vulkankraters setzte. Einen schwarzen Fuß, aus dem vier Klauen herauswuchsen, die so breit und glänzend und scharf waren wie SCHWERTER.

Die Klauen gehörten zu der muskelbepackten, widerwärtigen Gestalt eines gigantischen EXTERMINATOR-DRACHEN, der dreimal so groß war wie ein ausgewachsener Löwe. Und dieses Urvieh glitschte jetzt wie eine überdimensionale schleimige Nacktschnecke über den Kraterrand. Grüner Sabber tropfte von seinem gewaltigen Kiefer. Aus den aufgeblähten Nasenlöchern der wütenden Bestie schossen mächtige Rauchwolken.

Ihr Gesicht war zu einer grausigen Grimasse verzerrt, die Augen sprangen vor Raserei aus den Höhlen, Schwanz und Hörner schienen in Flammen zu stehen. Das Untier bäumte sich auf und seine acht rasiermesserscharfen Schwertklauen durchschnitten wie Peitschenhiebe die Luft. Unter dem durchsichtigen feuerfesten Brustpanzer pulsierten zwei schwarze Herzen, die das kochend heiße schwarze Drachenblut durch den Körper pumpten – und dies mit der zwanzigfachen Geschwindigkeit und dem zwanzigfachen Druck wie bei jedem anderen normalen Lebewesen.

Das Untier riss sein furchtbares Maul auf und BRÜLLTE, dass es den jungen Wikingern eiskalt über den Rücken lief. Ihr Herz raste wie bei einem zu Tode erschrockenen Kaninchen.

Dass ein solches Monster von einem menschlichen Wesen beherrscht werden konnte, schien schier unmöglich. Und doch steckte im Maul des Exterminators die kupferrote Platte eines Metallgebisses. Auf seinem Rücken, zwischen den riesigen ebenholzschwarzen Schwingen, thronte die hochgewachsene finstere Gestalt eines Mannes.

Einer seiner Arme endete in einem kupferroten Haken, mit dem er an den Metallzügeln riss, um die rasende Kreatur im Zaum zu halten. Mit dem anderen Arm schwang er eine schwarze Peitsche, mit der er auf die Flanken des Exterminators einschlug, bis der Drache auf die mächtigen Vorderläufe zurückfiel. Widerwillig knurrend senkte der Drache den Kopf und tänzelte immer noch aufgebracht hin und her.

Fischbein, Hicks und Kamikazzi wichen ein paar Schritte zurück. Kamikazzi umklammerte den Feuerstein, so fest sie nur konnte. Der Mann in Schwarz schob das Visier seines Feuer-Anzugs hoch.

Zum Vorschein kam das gleiche Gesicht, dem sie überall auf der Insel in Stein gehauen begegnet waren: Es war vollkommen haarlos, ohne Augenbrauen, Wimpern oder Schnurrbart. Und es war zu einem viel zu breiten Zahnpastalächeln mit viel zu vielen blitzenden Zähnen verzerrt. Das eine Auge blickte stechend und gemein wie ein Schlangenbiss. Das andere gab es nicht mehr – eine Augenklappe verdeckte die Stelle.

Um den unversehrten Arm schlang sich ein goldenes Drachenarmband. Der andere endete, wie gesagt, in einem Haken, der aussah wie ein kupferrotes Fragezeichen.

»Sei gegrüßt, Hicks der Hartnäckige vom Hauenstein der Dritte«, schnarrte Alwin der Verräter. Dabei steckte er seelenruhig die Peitsche in seinen Rüstgürtel, schraubte den Haken von seinem Arm und ersetzte ihn durch sein berüchtigtes *Tornado-Schwert.* »Wie überaus *reizend,* dir wieder mal über den Weg zu laufen! Was mag wohl drei junge Taugenichtse wie euch an diesem wonnigen Sonntagnachmittag hierherführen?«

Sei gegrüßt, Hicks der
Hartnäckige vom
Hauenstein der Dritte

# 13. UNTERDESSEN, ZURÜCK AUF DER INSEL BERK

Während Alwin seinen Haken abschraubte, stand zur gleichen Zeit auf der Insel Berk ein äußerst finster gestimmter Haudrauf inmitten seiner Krieger. Denn er musste mit ansehen, wie die fliehenden Wikingerhorden in einem kopflosen Gewühle den Raufbold-Hafen überschwemmten.

Sein Widerling von einem Neffen namens Rotznase Rotzgesicht drängelte sich eifrig zu ihm durch, ein breites, schleimiges Grinsen in der fiesen Fratze.

»Torben und Hicks sind auch schon abgehauen«, näselte er. »Und sie haben den *Wanderfalken* mitgenommen.«

»DEN *WANDERFALKEN?*«, polterte Haudrauf der Stoische. »Sie haben meinen *Wanderfalken* geraubt?«

Jetzt war er nicht nur verletzt, sondern auch noch beleidigt.

Haudrauf der Stoische liebte seinen *Wanderfalken* über alles. Es war ein wunderbar schnittiges blauschwarzes Schmalschiff, das schnellste im ganzen Barbaren-Archipel. Es reichte anscheinend nicht, dass dieser widerwärtige, selbstherrliche Torben seinen Sohn zu dieser feigen Flucht überredet hatte. Nein, er hatte auch noch die Dreistigkeit besessen,

Haudraufs Lieblingsschiff als Fluchtfahrzeug zu missbrauchen!

»Sieht ganz danach aus«, bestätigte Rotznase schadenfroh. Er genoss es sichtlich, Haudraufs flammende Wut noch etwas zu schüren. »Ich habe beobachtet, wie sie vor gut einer halben Stunde Richtung Westen davongesegelt sind. Sie hatten es ziemlich eilig.«

Haudrauf wollte schon ein zweites Mal explodieren. Aber dann klappte er den Mund wieder zu.

»Nach Westen?«, wiederholte er verblüfft. »Bist du ganz sicher, dass sie nach *Westen* gesegelt sind?«

Ohne auf eine Antwort zu warten, wirbelte er nach links herum und legte gegen das blendende Sonnenlicht schützend die Hand über die Augen.

Und tatsächlich, in weiter Ferne sah er gerade noch das geschwungene weiße Segel des *Wanderfalken* hinter dem westlichen Horizont verschwinden. Dieses Segel würde er überall wiedererkennen.

»Alle anderen fliehen Richtung SÜDEN!«, bellte Haudrauf. »Im Westen liegt die Lavabold-Insel, der Vulkan und diese ganzen Extermi-Dingsbums! Wie kommt mein Sohn bloß auf die Idee, nach WESTEN abzuhauen?«

Haudrauf gehörte sicher nicht zu den Blitzmerkern unter den Wikingern, aber selbst ihm war sofort klar, dass sein Sohn einen fatalen Fehler machte.

Grobian gab ein kleines Hüsteln von sich. »Ähm, ich … ich bin mir nicht sicher, ob er wirklich abhaut, Häuptling.

Habt Ihr nicht gehört, was er beim Thing gesagt hat? Er wollte den Feuerstein zurückbringen, um den Vulkanausbruch zu verhindern.«

Eine kurze Pause trat ein.

»Hat er das wirklich gesagt?«, fragte Haudrauf verstört. Er wusste überhaupt nicht mehr, was er denken sollte. Einerseits war er natürlich überglücklich, dass sein Sohn offenbar doch nicht feige geflohen war. Und dass er seinen Stamm NICHT verraten und den edlen Namen derer vom Hauenstein NICHT entehrt hatte.

Andererseits war das, was er da vorhatte, doch der blanke *Wahnsinn*.

Den Feuerstein zurückwerfen? Wo doch der Vulkan jeden Moment ausbrechen und die Extermi-Dingsdas schlüpfen konnten! Das war geradezu lächerlich, verrückt, selbstmörderisch …

… aber was soll's, es war eben RAUFBOLD-HELDENTUM, wie es im Buche stand!

»WAS STEHEN WIR EIGENTLICH NOCH HIER RUM UND DREHEN DÄUMCHEN?«, brüllte Haudrauf. »WIR SOLLTEN DEM JUNGEN HELFEN! LASST DEN *BLAUEN WAL* ZU WASSER! HER MIT MEINER STREITAXT! Danke, Rotznase, dass du mich auf Hicks' Flucht aufmerksam gemacht hast! ZUM HAFEN, MÄNNER, ABER ZACKIG!«

*Zum Donner noch mal!*, dachte Rotznase. *Warum konnte ich nur meine große Klappe wieder mal nicht halten?*

# 14. IST ES WIRKLICH IMMER NETT, ALTE BEKANNTE WIEDERZUTREFFEN?

Es hätte Hicks sicher sehr erfreut zu hören, dass sein Vater und der Stamm der Räuberischen Raufbolde unter vollen Segeln gen Westen aufgebrochen waren, um ihm zu Hilfe zu eilen.

Allerdings würde es noch mehr als eine Stunde dauern, bis sie die Insel erreichen würden. Und bis dahin hatte Hicks dringendere Probleme zu lösen, als auf die Ankunft der Rettungsmannschaft zu warten.

Ohne lange nachzudenken, zückten die drei jungen Wikinger ebenfalls ihre Schwerter.

Kamikazzi nahm den Rauhaar-Umhang von ihren Schultern, wobei sie unauffällig den Feuerstein darin versteckte. (Alwin schraubte gerade mit einer letzten Drehung das Schwert an seinem Arm fest, sodass er für einen Moment abgelenkt war – ein für den weiteren Ablauf der Geschehnisse wichtiges Detail, wie sich bald herausstellen wird.)

Jetzt waren sie ihrem Ziel so nah – und doch so fern. Verzweifelt zerrte Fischbein an seinem Schwert, das in der Scheide festklemmte. Dabei ergoss sich der gesamte Inhalt seines Fluchtkoffers über den Berghang.

»Alwin der Verräter!«, schrie Kamikazzi. »Wie um alles

in der Welt konntest du nur den ganzen Haiwürmern* entkommen?«

»Danke der Nachfrage, liebstes Edelfräulein«, murmelte Alwin der Verräter und stocherte demonstrativ mit der Spitze des Hakens in seinen Zähnen herum, als säße er gemütlich in einem Schaukelstuhl und nicht auf dem Rücken eines Exterminator-Drachen, auf dem Gipfel eines Vulkans, der jeden Augenblick ausbrechen konnte. »Danke der Nachfrage. Nachdem ihr mein geliebtes Fort Finstericum dem Erdboden gleichgemacht und mich den Haiwürmern zum Fraß vorgeworfen hattet, hätte wahrscheinlich jeder angenommen, ich wäre tot.«

Kalter Zorn sprühte den kleinen Wikingern aus Alwins einzigem Auge entgegen.

»Wir haben dich nicht zu den Haiwürmern *geworfen«,* protestierte Fischbein. »Du bist von selbst *reingefallen,* als du versucht hast, uns zu töten!«

Alwin überhörte das. »Aber ihr solltet wissen, meine Lieben, dass ein Verräter sich nicht so leicht umbringen lässt, oh nein. Die Haiwürmer waren vielleicht hungrig, aber ich war noch hungriger. Der erste von ihnen hat mein Auge erwischt«, Alwin zeigte wütend auf seine Augenklappe.

»Aber das hat ihm schnell leidgetan«, fügte er grimmig hinzu. »Ich habe ihn noch beim Fressen erschlagen,

* Wer mehr über Alwin und die Haiwürmer erfahren möchte, sollte in »Drachenzähmen leicht gemacht. Strenggeheimes Drachenflüstern« nachlesen. Auch ein wunderbares Buch.

mit einem einzigen Schwerthieb. Dann bin ich in sein aufgerissenes Maul gekrochen und habe mich in dem schwimmenden Kadaver versteckt, während die anderen sich im Fressrausch über ihn hermachten.«

»Igitt«, stöhnte Fischbein und verzog das Gesicht.

»In der Tat«, bemerkte Alwin bissig. »Aber wenn das eigene Leben auf dem Spiel steht, kann man nicht wählerisch sein. Sechs Stunden dauerte das Fressgelage, bevor die Haiwürmer sich mit der Sommer-Strömung weitertreiben ließen. Dann hielt ich mich mit meinem Haken an dem abgenagten Rückengerippe des Haiwurms fest und schwamm auf das Ufer zu. Weil wir so weit abgetrieben waren, brauchte ich eine halbe Ewigkeit bis an Land«, erklärte Alwin bitter, »so geschwächt und halb blind, wie ich war. Als ich das Ufer beinahe erreicht hatte und die Überreste des Haiwurms losließ, um das letzte Stück hinüberzuschwimmen, nahm die Bestie ein letztes Mal grausame Rache. Obwohl sie schon eine ganze Weile nicht mehr lebte, schnappten ihre Kiefer in einer Art Reflex noch einmal nach mir und erwischten eins meiner Beine knapp unterhalb des Knies.«

»Oje«, murmelte Hicks mitfühlend, der für einen Moment vergaß, dass Alwin einer seiner schlimmsten Feinde war.

»Ganz recht«, sagte Alwin. »Bis ich auf der Finsterinsel ankam, waren die Römer schon verschwunden. Also habe ich mich den ganzen langen Winter in den Ruinen des Fort Finstericum versteckt. Ich habe mich selbst gesund gepflegt, mich im Schwertkampf geübt und von RACHE geträumt.«

»Oje«, sagte Hicks noch einmal.

»Ganz recht«, sagte Alwin wieder. »Meine Rache an den Haiwürmern habe ich bekommen: Mein falsches Bein ist aus dem Zahn geschnitzt, mit dem das Untier mich gebissen hat. Aber an DIR, Hicks dem Hartnäckigen vom Hauenstein dem Dritten, habe ich noch keine Rache nehmen können. Du schuldest mir eine Hand, ein Bein, ein Auge und meinen kompletten Haarschopf. Dafür wirst du zahlen.«

»Aber es ist doch nicht meine Schuld, dass Ihr all diese Dinge verloren habt!«, widersprach Hicks. »Das habt Ihr ganz allein Euch selbst zuzuschreiben! Und wo wir gerade von Schuld sprechen: Was ist mit dem Unrecht, das Ihr dem armen Torben dem Teufelskerl angetan habt? Ihr habt sein Rubinherz gestohlen und ihn in den furchtbaren Minen hier auf der Insel versklaven lassen. Ihr habt ihn glauben lassen, dass seine Angebetete ihn nicht mehr liebte und einen anderen geheiratet hatte, obwohl sie wusste, dass Torben noch lebte und in Gefangenschaft geraten war. Was hat Torben *Euch* denn angetan, dass Ihr ihn so sehr hasst?«

»Ich brauche keinen Grund, um zu hassen«, fauchte Alwin der Verräter. »Und wie hat er MICH behandelt? Er hat mir versprochen, dich zu töten. Wäre es nicht eine wunderbare Wendung des Schicksals gewesen, den einzigen Sohn seiner großen Liebe umzubringen! Ach, wie gern hätte ich das erlebt!

Und ich habe wirklich hart daran gearbeitet, giftige Lügen über dich in seine dummen, vertrauensseligen Ohren zu träufeln, seine Wut zu schüren, seine Bitterkeit, sein Verlangen nach Rache … Niemals hätte ich es für möglich gehalten, dass ein Held wie er ein solches Versprechen brechen würde. Zumal er mir so unendlich viel verdankte. Also, ich muss schon sagen, heutzutage kann man wirklich niemandem mehr vertrauen!«

Alwin klang ehrlich entrüstet. Er seufzte. »Aber wenn er es schon nicht geschafft hat, DICH, Hicks, zu töten, wird er bestimmt auch den zweiten Teil seines Auftrags nicht erfüllt haben.«

»Welchen zweiten Teil des Auftrags?«, fragte Hicks überrascht.

Alwin zog erstaunt eine seiner haarlosen Augenbrauen hoch. »Hat er dir davon denn nicht erzählt?«, schnurrte Alwin. »Warum wohl nicht, frage ich mich? Er sollte mir den Feuerstein bringen, hierher, zum Vulkan.«

Kamikazzi, Hicks und Fischbein schnappten alle gleichzeitig nach Luft und traten entsetzt einen Schritt zurück. Denn der Feuerstein lag nur wenige Zentimeter hinter ihnen, gut verpackt in Kamikazzis Rauhaarweste.

»Den Feuerstein?«, stotterte Hicks, um Zeit zu gewinnen.

»Was ist das denn?«

»Ich denke, du weißt sehr gut, was das ist, Hicks«, sagte Alwin. »Der Feuerstein hat viele geheime Kräfte, aber eine davon ist, dass die Exterminator-Drachen eine Heidenangst vor ihm haben. Derjenige, der den Feuerstein besitzt, kann die gefährlichen Biester beherrschen … und damit das gesamte Archipel. Ich frage mich wirklich, warum Torben dir nicht erzählt hat, dass er den Stein zu mir bringen sollte.«

Alwin musterte die jungen Wikinger verschlagen aus seinem zu einem schmalen Schlitz zusammengezogenen Auge, während die drei versuchten, möglichst unschuldig dreinzuschauen.

Dann strahlte Alwin plötzlich, als wäre ihm gerade ein Licht aufgegangen. Und wieder entblößte ein kaltes, schlangenhaftes Lächeln seine vielen blitzenden Zähne.

»Vielleicht, *weil ihr ihn sowieso mitbringen würdet.«*

Alwin warf den Kopf in den Nacken und stieß ein schadenfrohes Geheul aus. »Oh, das ist wirklich ZU SCHÖN!«

Er wischte sich die Lachtränen aus dem Auge.

»Du bist doch ein cleveres Kerlchen, nicht wahr, Hicks? Vielleicht hast du noch ein anderes Rätsel des Feuersteins gelöst … dass der Stein den Ausbruch des Vulkans verhindern kann, zum Beispiel. Also seid ihr hierhergekommen, drei furchterregende Wikingerhelden, die mir alle kaum bis zum Bauchnabel reichen. Und jetzt wünscht ihr nichts so sehr, wie in letzter Minute eine Katastrophe zu verhindern! Nein, wie süüüüß …« Alwin grinste höhnisch.

Wie eine bösartige Spinne bewegte er sich ein Stück auf die drei Wikinger zu, wetzte sein Schwert und schnalzte herablassend.

»Und ihr wart so nah dran«, sagte er mitfühlend, »dem Erfolg soooo nah! So nah … und doch so fern. Ach, wie *schade.* Es tut mir in der Seele weh, den kleinen Kinderchen ihre süßen Träume zu rauben.« Er seufzte. »Aber ich fürchte, da kann man nichts machen. Das ist nun mal mein Job.« Ein stahlharter Unterton schwang plötzlich in seiner Stimme mit. *»Her mit dem Feuerstein, Hicks.«*

»Ich *habe* den Feuerstein nicht«, gab Hicks unbewegt zurück.

»Wirklich nicht?«, fragte Alwin ungläubig.

Ohnezahn war unter Hicks' Helm hervorgekrabbelt und hatte aufmerksam zugehört. »Oh d-d-d-doch, du hast ihn!«, stotterte er. »Er ist da …«

Blitzschnell hielt Hicks ihm die Schnauze zu. Alwin kicherte, denn er verstand genug Drachenesisch, um zu wissen, was Ohnezahn gerade gesagt hatte.

»Du bist wirklich ein cleverer Junge, Hicks. Aber vielleicht solltest du dir angewöhnen, allein zu arbeiten, so wie ich. Dann müsstest du dich nicht mehr mit all diesen Dummköpfen herumärgern … UND JETZT HER MIT DEM FEUERSTEIN ODER ICH VERGESSE MICH!«

»NIEMALS!«, schrie Hicks.

Alwin der Verräter stürmte auf Hicks los. »DU SCHNAPPST DIR DIE BEIDEN ANDEREN, TERMINATOR! ABER LEBEND, DENK DRAN! ICH BRAUCHE DIESEN FEUERSTEIN UND HICKS ÜBERLÄSST DU MIR!«

Der Exterminator fauchte wild und stürzte sich auf Fischbein und Kamikazzi. Dabei stellte er sich auf die Hinterläufe und hielt ihnen seine acht Schwertklauen drohend unter die Nase.

Im Bruchteil einer Sekunde riss Hicks sein Schwert Wagemut hoch und fing den furchtbaren Schlag des Tornado-Schwerts ab, mit dem Alwin schwungvoll auf Hicks' Brustkorb zielte.

Kamikazzi und Fischbein mussten sich mit dem

großen schwarzen Monster herumschlagen, und das bedeutete: acht mörderische Klingen gegen zwei Wikingerschwerter. Die Bestie benutzte ihre Klauen wie ein erfahrener Schwertkämpfer. Ihre Finger waren beweglich und gelenkig wie Arme, die mit messerscharfer Präzision vor- und zurückschnellten.

Der Exterminator hatte – Thor sei's gedankt – nicht den Befehl zu töten, denn innerhalb von zwei Minuten hatte er Fischbein in seiner Gewalt. Oder, besser gesagt, unter seinem linken Vorderlauf.

Mit einem Fingerschnipsen entwaffnete er Fischbein, dessen Schwert in einem hohen Bogen durch die Luft flog. Dann stupste er ihn mit dem linken Hinterlauf zu Boden und spießte vier seiner Schwertklauen rund um Fischbeins Körper in den Boden, sodass dieser sich nicht mehr rühren konnte.

Mit Kamikazzi hatte die Bestie etwas mehr Mühe, denn sie war eine hervorragende Schwertkämpferin. Außerdem schwatzte sie ununterbrochen auf ihren Gegner ein, was es nahezu unmöglich machte, sich aufs Kämpfen zu konzentrieren.

»Nimm *das,* du lahme Schnecke, du miese Schlangenbrut! Aus dir mach ich mir 'ne Handtasche!«, schrie sie, während sie wie ein Gummiball zwischen den Schwerthieben herumhüpfte und die Bestie nebenbei an den Barthaaren zog, dass es ordentlich ziepte. Der Exterminator-Drache heulte vor Wut und Schmerz.

»Heulsuse!«, quietschte Kamikazzi vergnügt. »Oh, mein kleines süßes Drachenbaby, soll die Mami pusten?«

Der Exterminator starrte die kleine Wikingergöre mit einem Ausdruck an, als wollte er sagen: *Gleich bringe ich diese kleine Schmeißfliege doch um, GANZ EGAL, was mein Meister dazu sagt.*

Der Exterminator schwoll an vor Wut und verdoppelte die Hau- und Stechfrequenz seiner vier rasiermesserscharfen Krallen. Schließlich machte er sich eine kleine Unaufmerksamkeit Kamikazzis zunutze, ergriff das wild um sich tretende, schreiende Bündel und spießte sie mit seinen vier Schwertkrallen am Boden fest, genau wie Fischbein.

Jetzt, wo er sie in seiner Gewalt hatte, störten ihn Kamikazzis Beschimpfungen nicht mehr. Der Exterminator setzte sich mit seinem mächtigen, pantherähnlichen Körper in die Mitte zwischen Fischbein und Kamikazzi und legte seine schwarzen Schwingen an, um den Kampf zwischen Hicks und Alwin zu verfolgen.

»Torben hatte recht«, sagte Fischbein düster zu Kamikazzi, »ich bin vollkommen nutzlos für die Mannschaft. Ich habe VERSUCHT, ein Berserker zu sein. Aber das funktioniert immer nur, wenn ich es gar nicht will. *Du* hast immerhin ordentlich gekämpft und du hast den Stein geklaut und so. Aber ich habe überhaupt *nichts* Brauchbares zustande gebracht. Da hätte ich genauso gut abhauen können wie die anderen.«

Das stimmte nicht ganz.

Manchmal kann man auch nützlich sein, ohne dass es zunächst groß auffällt. Wenn Fischbein nämlich mit den anderen davongelaufen wäre, hätte er seinen Fluchtkoffer mitgenommen, und gerade dieser Koffer sollte sich, wie wir bald sehen werden, als äußerst nützlich erweisen.

Alwin schien in der Tat, seit er das letzte Mal gegen Hicks angetreten war, während seines Exils auf der Finsterinsel ein intensives Schwertkampf-Training absolviert zu haben. Aber auch Hicks war nicht faul gewesen. Er hatte einige Extra-Stunden Schwertkampf-Training bei Hirni dem Henker genossen, weil das die einzige Disziplin im Piraten-Ausbildungsprogramm war, in der er richtig gut war. Alwin hatte vielleicht längere Arme und war größer als Hicks, aber wegen seiner Haiwurmzahn-Beinprothese war er deutlich im Nachteil. Fürchterlich fluchend stolperte und torkelte er auf dem Berggipfel herum, während Hicks wieselflink auch den heftigsten Hieben auswich. Alles in allem schien es ein recht ausgewogener Kampf zu sein.

In einem war Alwin allerdings Hicks weit überlegen: Er war ein hinterhältiges Schlitzohr, der geborene FALSCHSPIELER.

Zum Beispiel galt es unter Barbaren als extrem unsportlich und unfair, während eines Schwertkampfes den Gegner mit einer Haken-Prothese zu attackieren.

Zumal, wenn es sich bei dem Gegner um ein Kind handelte.

Noch weniger entsprach es dem Ehrenkodex der Wikinger, dem halbwüchsigen Kontrahenten mit der Haiwurmzahn-Prothese ein Bein zu stellen, wenn dieser zur Seite sprang, um einem Schwerthieb auszuweichen.

Doch Alwin hatte sich noch nie durch besondere Fairness ausgezeichnet und er brach gleich beide Regeln auf einmal, ohne auch nur die Spur eines schlechten Gewissens. Und das tat er in so schneller Folge, dass Hicks nur noch hilflos mit den Armen und Beinen rudern konnte, bevor er unsanft auf dem Hinterteil landete.

Mit lautem Triumphgeheul schlug Alwin der Verräter Hicks das Schwert aus der Hand und schleuderte es außer Reichweite.

In dem Moment, als Alwin gerade mit seinem Tornado-Schwert zum letzten tödlichen Schlag ausholte, traf plötzlich ein blendender Sonnenstrahl auf das goldene Drachenarmband an Alwins gesundem Arm.

*Das war doch …!,* dachte Hicks. Aber er hatte keine Zeit, zu Ende zu denken. Denn er war in höchster Gefahr und sein Heldenabenteuer schien so gut wie beendet. Wenn er nicht, als Alwin ihn hinterhältig zu Fall gebracht hatte, zufällig mitten in Fischbeins weit verstreutem Fluchtgepäck gelandet wäre.

Immer noch hilflos auf dem Rücken liegend, griff Hicks in seiner Verzweiflung nach dem erstbesten Gegenstand, erwischte die Schachtel mit Fischbeins Zahnpuder und schleuderte Alwin den gesamten Inhalt ins Gesicht.

»Auuuuuuuuuuaaaaaaaaauuuuuu!«, kreischte der Verräter. Fischbeins Zahnpuder war eins von Alt Faltls Hausmitteln, eine Mischung aus Algenextrakten, getrocknetem Möwendreck und etwas grüner Minze für den Geschmack. Ich weiß zwar nicht, was daran gut für die Zähne sein soll, auf jeden Fall brannte das Zeug wie verrückt, als es in Alwins einziges noch vorhandenes Auge eindrang.

Während Alwin vorübergehend erblindet und außer Gefecht gesetzt war, sprang Hicks auf und riss das Drachenarmband von Alwins Arm. Er musste ein paarmal kräftig daran ziehen, denn es war fest mit dem Feueranzug verbunden. Doch die Verzweiflung setzte plötzlich ungeahnte Kräfte in Hicks frei, was ihn selbst überraschte. Er warf das Armband zu Ohnezahn hinüber und schrie: »Bring das zu Torben!«

Ohnezahn fing das schwere Armband auf und sackte wie ein Stein ein paar Meter Richtung Boden. Mit dem Armreif im Maul stotterte er: »W-w-warum?«

»WEIL ICH ES DIR SAGE!!! GEHORCHE MIR ZUR ABWECHSLUNG MAL! SCHNELL!!!«, brüllte Hicks.

Daraufhin sauste der kleine Drache im Sturzflug auf den *Wanderfalken* zu, der unten in der Bucht lag. Das zusätzliche Gewicht des Armbands riss ihn pfeilschnell in die Tiefe.

Alwins Beinprothese verhedderte sich in Fischbeins Weste.

Mittlerweile konnte Alwin aus seinem rot angelaufenen, tränenden Auge wieder einigermaßen sehen. Halb wahnsinnig vor Wut stürmte er wie eine Giftschlange mit Zahnschmerzen auf Hicks los.

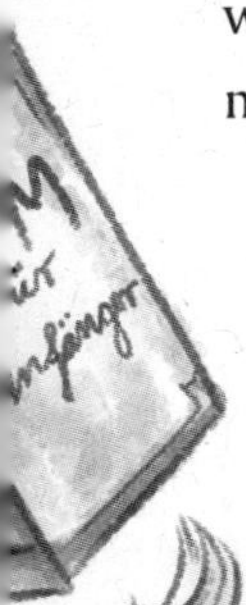

Der hielt Fischbeins Koffer als Schutzschild über sich, während Alwins Schwertschläge wie ein Dauerregen auf den Koffer prasselten, bis er das Ding schließlich in zwei Teile zerlegt hatte. Hicks konnte gerade noch rechtzeitig beiseiterollen.

Alwin bekam Hicks' Weste zu fassen, doch der befreite sich zappelnd aus dem Griff und schlug Alwin einen dicken Reiseführer mit dem Titel *Rom für Anfänger* auf die Nase.

»Du hättest von deinem dämlichen alten Großvater lernen sollen. *Er* weiß jetzt, dass man besser nicht versuchen sollte, dem Schicksal in die Quere zu kommen. Dabei kam er sich ach so schlau vor, als er dachte, er könne den Feuerstein für sich behalten!«, schnarrte Alwin hämisch. »Und WAS hat er mit seiner ewigen Einmischerei, seinen dummen Heldenaufgaben erreicht? Hat seiner einzigen Tochter das Herz gebrochen … Du hättest mal sehen sollen, wie Valhallarama sich die Augen aus dem Kopf geheult hat, als ich ihr sagte, ihr

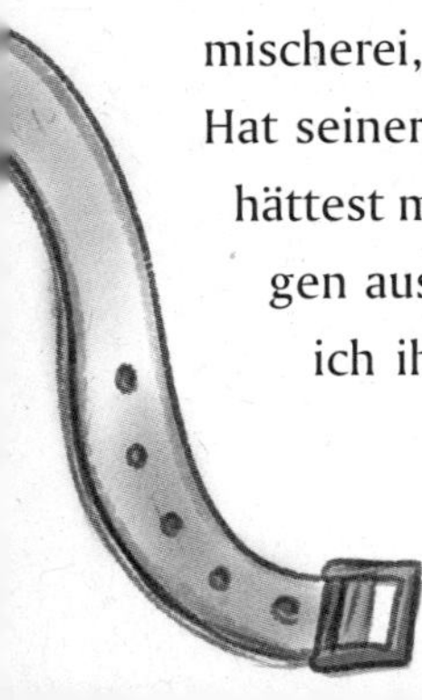

geliebter Torben sei tot … Tragisch, wirklich tragisch!«

»Lügner! Verräter! Mistkerl!«, schrie Hicks, während er versuchte, Alwins Hieben auszuweichen und noch etwas zu finden, das er ihm an den Kopf werfen könnte.

»Oh, BUUUHUHU, wie ist das traurig!«, heulte Alwin und rückte mit einem gemeinen Glitzern im Auge immer näher. »Hör auf, sonst bringst du mich noch zum HEULEN!«

Jetzt bewarf Hicks Alwin mit allem, was ihm von Fischbeins auf der Erde verstreutem Kofferinhalt in die Finger kam: Fischbeins Gürtel, dessen schwere goldene Schnalle Alwin mitten auf die Stirn traf, sechs saubere Unterhosen, mehrere Hosen, eine Flasche Asthmamedizin, von der sie beide furchtbar niesen mussten, und Fischbeins Kuschelkissen, das auf Alwins Schwertspitze stecken blieb, woraufhin weiße Gänsefedern um sie herumwirbelten.

»Auauaua!«, kreischte Alwin, als die Borsten von Fischbeins Haarbürste die empfindliche Haut an seinem bartlosen Kinn aufkratzten und sich eine von Fischbeins Westen um seine Beinprothese wickelte.

Doch obwohl es Hicks gelang, seine Nieder-

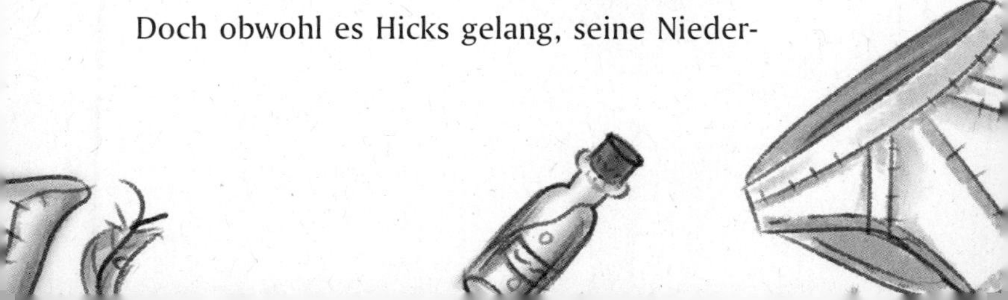

lage ein paar wertvolle Minuten hinauszuzögern – vor allem durch einen beherzten Kampf, bei dem er Fischbeins Regenschirm als Schwert benutzte –, war das Ende vorauszusehen. Alwin hatte beschlossen, dass ihm Hicks dieses Mal nicht durch die Lappen gehen würde. Schwankend und stolpernd, Gänsefedern spuckend und mit tränendem Auge spaltete er den Regenschirm schließlich mit einem Schwerthieb in zwei Teile. Im nächsten Augenblick hatte er Hicks überwältigt. »Nun«, grunzte Alwin hämisch und hielt Hicks drohend sein Tornado-Schwert unter die Nase, »wo ist der Feuerstein?«

# 15. WAS MACHE ICH HIER?

In der Zwischenzeit hatte Torben an Bord des *Wanderfalken* eine unruhige halbe Stunde damit verbracht, in die Sonne zu blinzeln und die Fortschritte der drei jungen Wikinger zu verfolgen, die langsam den Vulkanberg hinaufwanderten. Er stellte fest, dass es weitaus nervenaufreibender war, andere bei ihrem Heldenabenteuer zu beobachten, als selbst eins zu erleben. Ihm war schon ganz schlecht vor Aufregung. Während er den Berg hinaufspähte, redete er die ganze Zeit halblaut vor sich hin und versuchte, sich selbst davon zu überzeugen, dass er das Richtige getan hatte.

»Es war doch *richtig,* Hicks nicht zu sagen, dass der Wunderbare Winni auch hinter diesem Stein her ist, oder? Aber man kann doch wohl kaum von mir erwarten, dass ich mitgehe … nach fünfzehn Jahren Sklavenarbeit auf dieser Insel … aber so, wie's aussieht, ist außer mir niemand hier, der den Job übernehmen könnte.« Torben schwang Pfeil und Bogen über die Schulter. »Aber, um Thors willen, sogar ein Held wird sich doch IRGENDWANN EINMAL zur Ruhe setzen dürfen! Ach, was soll's, auf geht's, Weißer Drache … Warum immer ich, warum muss immer ICH den Helden spielen?«

Torben zog unvermittelt den Fuß wieder aus dem Steigbügel. »Das hier … ist … nicht … mein … Kampf.«

Er riss den Kopf nach hinten, schüttelte hilflos seine Fäuste gen Himmel und schrie aus Leibeskräften: »WAS … SOLL … ICH … NUR … TUN?«

Die Antwort kam prompt – und zwar in Gestalt eines erschöpften kleinen Drachen namens Ohnezahn, der von oben auf Torben zuschoss und ein goldenes Etwas auf die Planken des *Wanderfalken* fallen ließ.

Dieses Etwas schlingerte in immer kleineren Kreisen über das Schiffsdeck, bis es klappernd zum Liegen kam. Torben bückte sich und hob es auf. Es war das goldene spiralförmige Drachenarmband, das Alwin immer an seinem gesunden Arm getragen hatte. Er kannte es gut. Schließlich hatte er es selbst für Alwin gemacht, damals in der Gefängnisschmiede, wo er dazu verdammt war, Schwerter herzustellen. Er hatte das Armband Alwin geschenkt zum Dank dafür, dass dieser das Rubinherz zu Valhallarama brachte. So viele Jahre waren inzwischen vergangen und er hatte es seitdem nie mehr von Nahem gesehen.

Als er es jetzt in die Hand nahm, dachte er: *Komisch, da ist etwas im Auge des Drachen … das stammt ganz sicher nicht von mir …*

Während er noch nachdenklich das Armband betrachtete, zuckte plötzlich ein Blitz aus den Wolken und wurde von etwas Glänzendem zurückgeworfen. Es sah aus, als ob das Drachenauge ihm zuzwinkerte.

Es war ein kleines, schüchternes rotes Zwinkern, das

aussah, als würde den goldenen Drachen etwas amüsieren. In der Höhle des Drachenauges steckte sein Rubinherz. Wie ein Blitzschlag durchfuhr ihn die ganze Wahrheit.

Sie *hatte* ihn geliebt.

Sie hatte seine Nachricht nie erhalten.

Der Wunderbare Winni hatte sie ihr nie gebracht.

Stattdessen hatte er das Rubinherz behalten. Er hatte sogar die Dreistigkeit besessen, den Stein in das Armband einzusetzen, das Torben ihm geschenkt hatte. Und er hatte es die ganze Zeit unter Torbens Nase getragen … die ganze Zeit. Was ihn auf einmal viel weniger wunderbar machte, als Torben je gedacht hatte.

Womöglich war er in Wahrheit doch der verräterische

Fiesling, den Hicks beschrieben hatte … und womöglich war es eine BESONDERS GUTE Idee gewesen, ihn den Haiwürmern zum Fraß vorzuwerfen, auch wenn es ihn leider nur ein Bein und nicht das Leben gekostet hatte.

Auf einmal schoss ihm eine fünfzehn Jahre alte Erinnerung durch den Kopf. Es war die Erinnerung an seine Liebste, die ihm vor vielen, vielen Jahren das Rubinherz gegeben und dabei die Worte gesprochen hatte:

*»Wenn du diesen Stein hältst, hältst du auch mein Herz. Solltest du jemals in Gefahr geraten, sende diesen Stein im Maul deines Jagddrachen zu mir und ich werde kommen und dich retten.«*

Torben wusste nicht, ob er weinen oder lachen sollte, als er abwechselnd von seinem Rubinherz zu Ohnezahn blickte, der erschöpft auf dem Deck zusammengebrochen war. Welch herrliche Fügung des Schicksals!

Alles in allem bedeutete es aber auch, dass Hicks dort oben auf dem Berg in höchster Gefahr schwebte und seinen Bardigard noch nie in seinem Leben so dringend gebraucht hatte wie jetzt.

Torben der Teufelskerl schob mit einer heldenhaften Geste das Armband auf seinen linken Arm.

Er sprang auf den Rücken seines Weißen Drachen, zückte sein Schwert und brüllte: »Los, Espenlaubler! Hicks braucht uns! Das hier ist UNSER Einsatz! AUF ZUM VULKAN!«

»Oh n-n-n-nein«, stöhnte Ohnezahn, der immer

noch auf dem Schiffsdeck lag. »Ihr wollt doch nicht etwa wieder da rauf, oder?« Der Espenlaubler-Drache schluckte kurz, dann nahm er Ohnezahn in sein Maul und hob ab, hinter Torben dem Teufelskerl her, hinauf zum Vulkan.

# 16. NOCH EIN KAMPF

»HAB ICH DICH ENDLICH!« Alwin der Verräter grinste hämisch auf den bewegungsunfähigen Hicks hinunter.

»Siehst du, wohin dein albernes Heldengetue dich gebracht hat? TOT wirst du sein, noch bevor dein erstes Brusthaar sprießt! Aber vorher verrate mir endlich: Wo ist der Feuerstein?«

Hicks sah Alwin dem Verräter, seinem Mörder, direkt in das von Narben entstellte Gesicht. Jetzt, wo er wusste, dass er gleich sterben würde, fürchtete er sich vor nichts mehr. Alwin sollte nur nicht auf die Idee kommen, dass Hicks Angst hatte. Nein, diese Genugtuung würde er ihm nicht gönnen.

Hicks fing an zu singen.

Und komischerweise fiel ihm als Erstes ein ziemlich albernes Lied ein. Es war eins von Haudraufs Lieblingsstücken und zufällig auch das Schlaflied, das Valhallarama für Hicks gesungen hatte, als er noch ein Baby war und sich an ihre gepanzerte Brustplatte kuschelte.

Der Legende nach hatte der Große Zottel höchstpersönlich dieses Lied vor vielen, vielen Jahrhunderten geschrieben – damals, als er die erste Siedlung auf dem Archipel gegründet hatte.

*»Ich wollt hier gar nicht hin …*
*Und wollt gleich wieder fort …*
Der Wind hat mich getrieben
An diesen schlammigen Ort …«

Vor lauter Überraschung hätte Alwin Hicks um ein Haar fallen lassen. Von jemandem, der gerade dem Tod ins Auge sah, erwartete er, dass er bettelte, jammerte, um Gnade flehte. Alles andere, nur nicht, dass er plötzlich ein Lied anstimmte, als säßen sie gemütlich am Lagerfeuer.

*»… Ich war unterwegs nach Amerika,*
*Dann bog ich am Pol links ab.*
*Ich verlor meinen Schuh tief im Schlamm, hossa,*
*Dort fand mein Herz sein nasses Grab …«*

Blauschwarze Gewitterwolken türmten sich am Himmel über ihnen auf, dazwischen zuckten grelle Blitze. Von unten antwortete der Vulkan mit einem unheilvollen Grummeln. Es war beinahe, als wollte die Stimme des kleinen Jungen den Sturm, der sich über ihnen und in der Erde zusammenbraute, besänftigen.

»Lass das! Was soll das?«, blaffte Alwin unwirsch, während sein Schwert Tornado, das er immer noch hoch über dem Kopf erhoben hielt, unsicher schwankte. »Was

SOLL dieses dämliche Gesinge? Dein letztes Stündlein hat geschlagen, begreifst du das nicht, du Narr ...«

Kamikazzi und Fischbein, die der Exterminator noch immer mit seinen Krallen am Boden festgenagelt hielt, stimmten mit ein:

*»... Ich hörte, der Himmel in Amerika*
*Sei so unsagbar blau und klar.*
*Doch mein Schiff steckte fest im schlammigen Strand*
*Und mein Stiefel sank ein bis tief zum Rand ...«*

Wutschnaubend holte Alwin zum vernichtenden Schlag aus. Er konnte immer noch nicht fassen, dass Hicks im Angesicht des Todes glücklich und zufrieden vor sich hin trällerte, anstatt sich vor Angst in die Hose zu machen, wie es sich gehörte. Und als sein hochgestreckter Arm mit der tückischen Klinge auf sein Opfer niedersauste ...

... *SSSSSSSING!!!!!!*

... kam aus den schwefelgelben Wolken, die hinter Alwins Rücken aus dem Vulkankegel quollen, ein weiß gefiederter Pfeil geflogen, der geradewegs auf Alwins erhobenen Arm zusirrte. Der Pfeil bohrte sich tief in seinen fleischigen Bizeps. Alwin schrie vor Schreck und Schmerz laut auf und ließ Hicks fallen.

Woraufhin der helle, klare Gesang des jungen Wikingers noch lauter wurde, bis er selbst das Donnergrollen übertönte.

Und dann kam eine andere Stimme hinzu.

Eine viel tiefere, ohrenbetäubend LAUTE Stimme, die nicht einen einzigen Ton richtig traf, aber wild und hemmungslos die Tonleiter rauf- und runterjodelte wie eine Krähe im Stimmbruch.

*»Ich wollt hier gar nicht hin …*
*Und wollt gleich wieder fort …*
*Doch ich verlor mein Herz*
*An diesem schlammigen Ort*
*Und will nie wieder von hier fort …«*

*Auweia,* dachte Hicks überrascht, *mit Torbens Stimme muss wirklich etwas Schreckliches passiert sein, als die Lavabolde ihn gefangen haben …*

Es klang zum Steinerweichen!

Und aus den Rauchschwaden des Vulkans erschien Torben der Teufelskerl, der Held.

Stolz und aufrecht saß er auf dem Rücken seines Weißen Drachen, nahm jetzt seinen Bogen beiseite und zückte seine Schwerter. An seinem linken Arm blitzte das Drachenarmband.

»Die Stunde der Wahrheit ist gekommen, Alwin, du verräterische Schlange!«, brüllte Torben der Teufelskerl.

Alwins Kopf schnellte herum und er sah Torben auf seinem Weißen Drachen geradewegs auf sich zukommen, seine beiden Schwerter Stichflamme und Mondsichel in einer unfreundlichen Geste über dem Kopf schwingend. Für einen Moment schien Alwin wie betäubt vor Entsetzen, dann brüllte er: »EXTERMINATOR!«

Die böse Bestie zog ihre Klauen neben Kamikazzi und Fischbein aus dem Boden und war mit wenigen Sätzen bei ihrem Meister.

Alwin machte eine merkwürdige Verrenkung und zog sich mit den Zähnen den Pfeil aus dem Arm. Die Wunde war recht tief und blutete stark, doch das schien Alwin nicht weiter zu stören. Mit einem Satz sprang er auf den Rücken des Exterminators, der sich sofort in die Lüfte erhob.

Und in den wirbelnden Rauchschwaden direkt über dem Vulkankrater gingen die beiden Krieger in Stellung. Alwin zog das Visier seines Feuerschutz-Anzugs herunter. Die beiden Drachen, der eine weiß, der andere schwarz, umkreisten einander in den schwefeligen Dämpfen, lauernd und ungeduldig auf das Zeichen zum Angriff wartend.

»Aber, aber Torben«, säuselte Alwin, »weißt du nicht mehr, ich bin's doch, dein alter Kumpel, der Wunderbare Winni. Du wirst doch einem guten alten Freund nicht wehtun, oder?«

Doch Torben schäumte vor Wut.

»Freund? HA! Dass ich nicht lache! Du hast mein Rubinherz niemals überbracht! Du hast es dir selbst unter den Nagel gerissen!«

Für den Bruchteil einer Sekunde durchbrach ein Sonnenstrahl die regenschweren Wolken und brach sich in dem Rubin des Drachenarmbands, das sich jetzt um Torbens Arm schlang.

Beide Männer stießen gleichzeitig einen furchtbaren Schrei aus und stürmten aufeinander los. Mit einem mörderischen Klirren traf Metall auf Metall, Tornado auf Stichflamme.

Im selben Moment donnerte es krachend, der Himmel öffnete sich und ein wolkenbruchartiger Regen ergoss sich über sie.

Fischbein und Kamikazzi eilten zu Hicks. Die drei Wikinger kauerten sich eng zusammen und versuchten, durch den strömenden Regen zu erkennen, was sich über ihnen am Himmel abspielte und wer wohl den Kampf für sich entscheiden würde.

Wie aus dem Nichts tauchte auf einmal der Espenlaubler auf und ließ Ohnezahn auf Hicks' Helm fallen. Der erschöpfte, aber vollkommen überdrehte kleine Drache blickte seinem Meister über den Helmrand kopfüber in die Augen und krähte triumphierend: »S-s-sieh nur, hab T-T-Torben mitgebracht, Ohnezahn rettet den Tag, Ohnezahn ein Held, Ohnezahn ein Held!«

»HE, JUNGS!«, brüllte Torben von oben herab, während er nebenbei einen gewagten Knochenbrecher-Ausfall mit voller Drehung ausführte und gegen die acht Schwertklauen des Exterminators, Alwins Tornado und dessen

Haken gleichzeitig ankämpfte. »VERGESST NICHT, WARUM IHR EIGENTLICH HIER SEID!«

(Dieser Hinweis mag vielleicht überflüssig erscheinen, doch im Eifer des Gefechts vergisst man erfahrungsgemäß schnell, was man eigentlich vorhatte.)

»IHR MÜSST DEN FEUERSTEIN IN DEN VULKAN WERFEN, UND ZWAR *JETZT,* ODER WIR SIND ALLE GELIEFERT!«

»Das hast du fein gemacht, Ohnezahn. Aber noch sind wir nicht gerettet«, sagte Hicks mit zittriger Stimme, während er verzweifelt versuchte, durch den dichten Regenvorhang irgendwo Kamikazzis Weste zu erspähen. »Wir müssen den Feuerstein in den Vulkan werfen ...«

»Ich glaube, ich habe ihn dort abgelegt«, sagte Kamikazzi unsicher und zeigte nach rechts. »... oder war es doch woanders, ich erinnere mich nicht ... so ein Mist, da legt man *nur kurz* etwas aus der Hand ...«

»N-n-nein, i-i-ich will ihn finden!«, kreischte Ohnezahn außer sich vor Aufregung. »Ohnezahn will den Feuerstein j-j-jetzt holen ... Ohnezahn will auch ein H-H-Held sein!«

»Halt, Ohnezahn, warte«, sagte Hicks und konnte den übereifrigen kleinen Drachen im letzten Moment noch an einem Bein festhalten. »Wir machen das schon, Ohnezahn, keine Sorge, wir erledigen das.«

Doch dass Ohnezahn Torben dem Teufelskerl höchstpersönlich mit der Überbringung des Armbands einen heldenhaften Dienst erwiesen hatte, war dem kleinen Drachen zu Kopf gestiegen.

»Hicks t-t-traut Ohnezahn wohl nicht, was?«, quiekte er eingeschnappt. »Ohnezahn rettet Hicks das L-L-Leben und Hicks will immer noch ganz allein der große Held sein ... Aber Ohnezahn jetzt auch ein Held ... und Ohnezahn kann das GANZ ALLEIN, du wirst schon sehen ...«

Blitzschnell kniff der Drache Hicks einmal kräftig ins Handgelenk, woraufhin dieser sein Bein mit einem Schmerzensschrei losließ. Ohnezahn hatte schon seine Flügel ausgebreitet und zischte durch den Regen davon. Laut schreiend versuchte Hicks, ihn einzuholen.

»Nein! Ohnezahn! Komm zurück!«

Doch Ohnezahn stellte sich einfach taub, während er konzentriert den Boden nach dem Feuerstein absuchte. »Hier muss es irgendwo sein ... irgendwo hier ... Aha!« Auf dem schlammigen Boden hatte der kleine Drache die mittlerweile völlig durchweichte Weste erspäht, aus der etwas Goldenes hervorschimmerte, und sauste mit vorgestreckten Krallen im Sturzflug darauf zu.

*K-K-K-K-K-R-A-W-UM-M-M-M-M!!!!*

Ein greller Blitz zerriss den schwarzen Himmel über ihnen. Dann rumpelte es gewaltig. Es klang wie ein Donnergrollen oder kam es etwa aus dem Vulkan …

»HE, JUNGS!!«, schrie Torben von oben, während er auf den zurückweichenden Alwin losstürmte und nacheinander Grimmbarts Bluthiebstoß, den Durchstechausfall, den Halb Gedrehten Steilsturz und den Tödlichen Doppelhacker – das sind vier wirklich extrem schwierige Schwertkampfkombinationen – in rasender Folge auf ihn niedersausen ließ. »WAS MACHT IHR DA UNTEN? IHR MÜSST EUCH JETZT *ECHT* BEEILEN!«

Ohnezahn wühlte den Feuerstein aus der Weste und umklammerte ihn fest mit seinen kleinen Krallen. Er warf einen Blick über die Schulter. Durch den Regenvorhang sah er Hicks, Fischbein und Kamikazzi auf ihn zurennen. Hicks schrie immer noch: »NEIN! OHNEZAHN! ICH MACH DAS! ER IST VIEL ZU ...«

Ohnezahn stieß ein paar kleine verächtliche Rauchwölkchen aus und warf den Kopf zurück.

»Ohnezahn m-m-macht das g-g-ganz ALLEIN«, murmelte er und nahm den Feuerstein zwischen seine Klauen.

Doch durch den Regen war die glatte goldene Oberfläche des Steins nass geworden, und Ohnezahns Krallen rutschten daran ab.

»... GLITSCHIG!«, schrie Hicks.

Hicks, Kamikazzi und Fischbein mussten hilflos mit ansehen, wie der Feuerstein Ohnezahn aus den Krallen rutschte und den Berg hinunterkullerte – und das, nachdem sie ihn unter so viel Mühen und Gefahren auf den Gipfel des Vulkans gebracht hatten.

»Hoppla!«, jaulte Ohnezahn schuldbewusst. »'tsch-tsch-tschuldigung, was für ein T-T-Tollpatsch ich doch bin ... Keine Angst ... Keine Panik ... ich k-k-krieg ihn ...«

Und schon stürmte er wieder los, um sich den Stein zu schnappen. Allerdings kam ihm Kamikazzi zuvor, die sich von der anderen Seite auf den Stein stürzte.

»Hab ihn!«, rief Kamikazzi triumphierend. Im selben Moment klatschte ihr Ohnezahn ins Gesicht und katapultierte den glitschigen Stein wieder aus ihrer Hand.

»Auf wessen Seite stehst du eigentlich, Ohnezahn?«, schrie Hicks wütend. Er stürmte an der im Matsch zappelnden Kamikazzi vorbei, dem bergab rollenden Stein hinterher, der in rasender Geschwindigkeit fröhlich den glitschigen Hang hinunterrutschte. Weiter und immer weiter rollte er, und alle Hoffnungen auf einen Erfolg ihres Heldenabenteuers rollten mit ihm davon.

Hoch über ihnen in den Lüften tobte der Schwertkampf der beiden ehemaligen Freunde. Obwohl Alwins Exterminator dem Weißen Drachen weit überlegen war, hatte Torben ihn beinahe geschlagen. Denn er hatte es geschafft, mit seinem Speer eines der Herzen des Exterminator-Drachen zu durchbohren. Die Bestie hatte kaum noch genug Kraft zu kämpfen, auch wenn sie dank ihres zweiten Herzens immer noch fliegen konnte.

Alwin bereitete sich im Stillen darauf vor, in Kürze die Flucht anzutreten. Jemand wie er hatte einen unvergleichlichen Instinkt dafür, wann ein Kampf aussichtslos war und es an der Zeit war abzuhauen.

Doch dann wanderte sein Blick für einen kurzen Moment in die Tiefe und er sah zufällig, wie die goldene Kugel den Berg hinunterkullerte und drei kleine Gestalten mitsamt eines winzigen Drachen die Verfolgung aufgenommen hatten.

Und Alwin erkannte sofort die Gelegenheit, seine drohende Niederlage doch noch in einen Sieg zu verwandeln.

Zu Torbens grenzenloser Überraschung riss Alwin plötzlich seinen Drachen mitten im Angriff zurück, machte kehrt und flog den stolpernden Gestalten und dem Feuerstein hinterher. (Nach dem Ehrenkodex der

Barbaren war es eigentlich höchst unehrenhaft, sich auf diese Weise aus einem Kampf zu stehlen.)

Der Feuerstein war mittlerweile in etwas flacherem Gelände angekommen und verlor ein wenig an Fahrt, bis er gegen einen großen Felsen prallte und abrupt liegen blieb. Der Espenlaubler-Drache erreichte ihn zuerst und blickte unsicher über die Schulter hinauf zu Hicks, als erwarte er eine Anweisung.

»Er hat angehalten!«, rief Kamikazzi den anderen zu, während sie weiter auf den Stein zuschlitterte. *Gleich haben wir ihn,* dachte Kamikazzi. *Gleich haben wir ihn … Gleich haben wir ihn …*

Drei Paar Hände streckten sich gleichzeitig nach dem Stein aus und …

»ZU SPÄT!«, krähte Alwin, fegte auf seinem Exterminator dazwischen, schnappte sich den Stein und schwang sich triumphierend in die Lüfte.

»Ihr seid ZU SPÄT! Ihr werdet den Ausbruch des Vulkans nie aufhalten!«

Wie versteinert sahen die drei jungen Wikinger Alwin hinterher.

Der Exterminator war ein ausgezeichneter, wendiger Flieger und trotz des Speers, der immer noch in seinem Herzen steckte, schraubte er sich mit einer solchen Geschwindigkeit in die Lüfte, dass selbst der Weiße Drache ihm nicht folgen konnte.

Der Vulkan gab ein verärgertes Zischen von sich, dann

ein böses Knurren, einen wütenden, bedrohlichen Rülpser, gefolgt von einem wirklich gewaltigen Rumpeln. Der Boden unter Hicks' Füßen wellte sich bedrohlich.

Kamikazzi schrie: »LASST UNS VON HIER VERSCHWINDEN! DER VULKAN BRICHT AUS!«

Doch was Hicks wirklich erschreckte, war etwas ganz anderes.

Es war die sanfte Stimme des Espenlaublers, der seine ersten Worte in Hicks' Ohr flüsterte.

»Lauft weg«, flüsterte der Drache. »Lauft!«

# 17. WANN GENAU IST EIGENTLICH ZU SPÄT?

Hicks war in seinem Leben schon in so manch brenzlige Situation geraten. Aber auf einem brodelnden Vulkan zu stehen, der kurz davor war zu explodieren, war eindeutig die bislang brenzligste.

»Kamikazzi! Fischbein! Steigt auf den Weißen Drachen!«, schrie Torben und kam schwungvoll auf sie zugeflogen. Mehr Wikinger würde der Weiße Drache nicht tragen können, so verwundet, wie er war.

»Wirst du mit dem Espenlaubler zurechtkommen, Hicks?«, fragte Torben besorgt.

»Na klar«, beruhigte ihn Hicks, auch wenn er selbst nicht wusste, woher er diese Zuversicht nahm. »Das bin ich doch bisher auch immer, oder?«

Und dann erinnerte er sich an das Rätsel der Lavabold-Insel, das Alt Faltl ihm im Brunnen zu lesen gegeben hatte. Leise sagte er zu sich selbst: »Es ist *niemals* zu spät.«

Dann sagte er zu Ohnezahn: »Ohnezahn, ich werde dir jetzt eine wichtige Aufgabe anvertrauen. Ich verlasse mich auf dich! Es ist noch nicht zu spät. Du musst Alwin den Feuerstein wegschnappen! Wie du das machst, ist mir egal, und dann wirfst du ihn in den Vulkan, egal, was passiert. AUCH WENN

DER VULKAN SCHON AUSGEBROCHEN IST, Ohnezahn, DAS IST SEHR WICHTIG.«

Dann kletterte Hicks auf den Rücken des Espenlaublers, der sich sofort in Bewegung setzte und den Berg hinunterlief.

Der arme, vom Kampf gezeichnete Weiße Drache nahm all seine Kräfte zusammen und versuchte, mit den drei Wikingern auf dem Rücken abzuheben. Beim dritten Anlauf schaffte er es endlich und erhob sich torkelnd in die Lüfte. Fischbein kniff die Augen fest zusammen. Das hier war seine erste Flugerfahrung und ehrlich gesagt war sie nicht dazu geeignet, ihm

seine Flugangst zu nehmen – im Gegenteil: Dies hier war ein Flug, den man guten Gewissens als TURBULENT bezeichnen konnte. Immer abwechselnd schlug der Weiße Drache ein paar Mal mit den Flügeln, dann sackte er wie ein Stein zwanzig Meter tief ab, wobei Fischbeins Magen jedes Mal halb auf der Strecke hängen blieb.

»Ich sterbe«, wimmerte Fischbein, während sie auf das kleine Segel des *Wanderfalken* in der Bucht zustürzten, zu dem sich mittlerweile die Segel von Haudraufs Schiff und dem der Prallbusigen Berta gesellt hatten.

»Hör endlich auf zu jammern«, schnauzte Kamikazzi ihn an. »Ich mach mir viel mehr Sorgen um Hicks.«

Immerhin FLOG der Weiße Drache, mehr oder weniger. Die Flügel des Espenlaublers dagegen waren noch nicht kräftig genug, um mit Hicks auf dem Rücken abzuheben. Wie gebannt starrte Kamikazzi auf die winzige Drachengestalt, die oben auf der Insel den Berg hinablief.

Hicks umklammerte den mageren Hals des Espenlaubler-Drachen.

»Lauf«, flüsterte er. »Bitte, lauf, lauf, lauf.«

»L-l-lauf!«, kreischte Ohnezahn, der wütend hinter Alwin herflatterte und versuchte, sich selbst anzufeuern. »Lauf, lauf, l-l-lauf!«

*BUUUMMMMM!!!!*

In dem Moment brach der Vulkan aus.

# 18. EINE INTERESSANTE FRAGE: KANN MAN VOR EINEM AUSBRECHENDEN VULKAN DAVONLAUFEN?

Eine interessante Frage: Kann man vor einem ausbrechenden Vulkan davonlaufen?

Die Antwort lautet: Falls man die erste Explosion überlebt, ja. Das hängt entscheidend von der Lava ab.

Es gibt Lava, die extrem langsam fließt. Es gibt aber auch Lava, die furchtbar schnell fließt.

Und das hängt wiederum von dem Vulkan ab. Und zu welcher Art der betreffende Vulkan und damit auch die Lava gehört, kann man erst sagen, wenn er tatsächlich ausgebrochen ist.

Beim Ausbruch des Vulkans auf der Lavabold-Insel wurde gleich die ganze obere Hälfte des Berges weggesprengt. Eine gigantische pilzförmige Wolke quoll heraus und breitete sich über den klaren blauen Himmel aus. Die ganze Insel erzitterte und das Beben brachte das Meer rundherum in Wallung. Der *Wanderfalke*, der *Blaue Wal* und die *Mächtige Mama* tanzten auf riesigen Wellenbergen auf und nieder, sodass den besorgten Elternteilen auf ihren Schiffen abwechselnd das Herz in die Hose sackte und bis zum Hals schlug.

Riesige Brocken des brennenden Berghangs wurden in die Luft geschleudert und regneten auf die Erde und auf die Wasseroberfläche nieder. Der Espenlaubler kam quietschend zum Stehen, als ein wahrhaft gigantischer Felsbrocken direkt vor ihnen einschlug. Beinahe hätte der riesige Stein sie zu Briefmarken verwandelt. So war er nahe genug gefallen, um die zitternden Nüstern des Drachen aufzuschürfen.

Der Espenlaubler hetzte weiter und wich dabei den herabregnenden glühenden Felsbrocken aus, bis er über die Exterminator-Eier lief, die sich wie ein riesiger Teppich bis hinunter zum Meer ausbreiteten.

Hicks warf einen Blick über die Schulter zurück.

Glühend rote Lavaströme ergossen sich aus dem Krater und flossen in rasender Geschwindigkeit die Berghänge hinab.

Das hier war eindeutig keiner von Hicks' Glücktagen. Obwohl es natürlich ganz auf die persönliche Sichtweise ankommt, wie man Hicks' Lage einschätzt. Das heißt, es hängt davon ab, ob man eher der »Das-Glas-ist-halb-voll«- oder der »Das-Glas-ist-halb-leer«-Typ war. Man KANN zum Beispiel sagen, dass Hicks eigentlich großes Glück gehabt hatte. Immerhin hatte er den Tag bis hierher einigermaßen überlebt.

Wie das Schicksal so spielte, stellte sich allerdings heraus, dass die Lava auf der Lavabold-Insel zu der extrem schnell fließenden Sorte gehörte, die in tödlichen Strömen mit einer Geschwindigkeit von mehr als einhundertzehn Stundenkilometern den Berg herunterfloss

– also eindeutig schneller, als ein Mensch laufen konnte. Aber war die Lava auch schneller als ein Espenlaubler? Zumindest schien es schon jetzt, als hätte die Lava sie gleich eingeholt.

*»LAAAAAUUUF!«*, schrie Hicks wieder, obwohl er dem armen Espenlaubler das sicher nicht ein zweites Mal sagen musste. Denn er lief eh schon, so schnell er nur konnte. Die Ohren im Fahrtwind nach hinten gestrafft, mit qualmenden Nüstern und tiefen, keuchenden Atemzügen schwankte er in seiner eigenartigen, hinkenden Gangart voran.

Die dampfenden Lavabäche waren ihnen dicht auf den Fersen. Doch nicht nur die Lava war hinter ihnen her. Wenn Hicks geglaubt hatte, dass es nicht mehr schlimmer kommen konnte, so hatte er sich leider getäuscht.

Denn die heiße Lava erreichte bald auch die ersten Reihen der Exterminator-Drachen-Eier und die kleinen Biester platzten sofort aus ihren durchsichtigen Gefängnissen. Schließlich hatten sie jahrhundertelang nur auf diesen einen Moment gewartet. Explosionsartig schwirrten überall aus den glühenden Lavabächen Tausende und Abertausende frisch geschlüpfter Exterminator-Drachen heraus. Man hätte jetzt meinen können, dass diese neugeborenen Tierchen noch etwas schläfrig und wackelig auf den Beinen gewesen wären, nachdem sie fast zweihundert Jahre zusammengerollt in ihren engen Eierschalen gelegen hatten. Falsch gedacht: Die

Warterei während ihrer elend langen und langweiligen Reifezeit hatte sie schier wahnsinnig gemacht. Sie konnten es kaum noch abwarten, endlich alles zu vernichten und zu töten, was sie in den ersten Sekunden ihres Daseins zwischen die Krallen bekamen.

Wie kleine Feuerräder schossen sie aus den Lavaströmen hervor und schüttelten sich in einem Funkenregen die Lava von den ausgebreiteten Flügeln.

Und das Erste, was ihre Raubtieraugen erblickten, als sie sie zum ersten Mal aufschlugen, war ALWIN, der hoch über dem ausbrechenden Vulkan in der Luft schwebte und den furchterregenden, goldglänzenden Feuerstein in der Hand hielt.

In den vorangegangenen drei Monaten hatten sie aus ihren Ei-Gefängnissen die ganze Zeit auf Alwins riesenhafte Standbilder gestarrt, die überall auf der Insel verteilt waren.

Jetzt sahen sie das vertraute Gesicht in Fleisch und Blut vor sich, noch dazu auf dem Rücken eines Artgenossen. Das Wesen brüllte aus vollem Halse »AUF SIE!!!« und zeigte dabei drohend mit seinem kupferroten Schwert auf die zitternden Gestalten von Hicks und dem Espenlaubler, die vor den Lavaströmen flohen wie der Fuchs vor der Meute. Mehr Ermutigung brauchten die Exterminator-Drachen nicht. In ihren winzigen Gehirnen wurde eine alte Erinnerung wach. Sie wussten sofort, was DAS war.

DAS war BEUTE.

Acht Schwertklauen sprangen aus ihren Fingerspitzen wie kleine Klappmesser und schon nahmen die Exterminator-Drachenjungen die Verfolgung auf. Kreischend hefteten sie sich wie ein Schwarm wilder Furien an die Fersen des fliehenden Wikingerjungen und seines Drachen.

Unaufhaltsam strömte die Lava von allen Seiten den Berg hinunter, der Vorsprung von Hicks und dem Espenlaubler wurde kleiner und kleiner. Außerdem saßen ihnen Alwin und die Exterminator-Drachen im Nacken, zu Hunderttausenden waren sie hinter ihnen her wie ein gigantischer Schwarm mörderischer Fledermäuse.

Hicks fiel wieder ein, was Torben über die Exterminator-Drachen gesagt hatte. Sie würden alles angreifen, was sich bewegte, und jeden Grashalm, jeden Busch, jeden Baum in Flammen setzen. In einem Umkreis von Hunderten von Kilometern würde es kein Leben mehr geben. Selbst wenn sie am Ende überleben würden (was im Augenblick eher unwahrscheinlich schien), wäre ihre Heldenabenteuerreise insgesamt ein einziger Fehlschlag.

Sie hatten den Vulkanausbruch nicht verhindern können, und nichts und niemand würde die Exterminator-Drachen zurückhalten. Der Geist war aus der Flasche, die Plage entfesselt und innerhalb weniger Wochen wäre vom ganzen Barbaren-Archipel nur noch eine

Aschenwüste übrig. Riesige Dampfwolken zischten auf, als der strömende Regen auf die glühende Hitze der Lavaströme traf.

»Nur nicht hinfallen … bitte nicht hinfallen«, betete ein bis auf die Knochen durchnässter Hicks, während er auf dem Rücken des Espenlaublers den Abhang hinunterhastete.

»K-k-keine Panik! N-n-nur keine Panik!«, murmelte Ohnezahn vor sich hin, halb wahnsinnig vor Angst, als er sich Alwin und dessen Exterminator von oben näherte. Netterweise hielt Alwin den Feuerstein hoch über

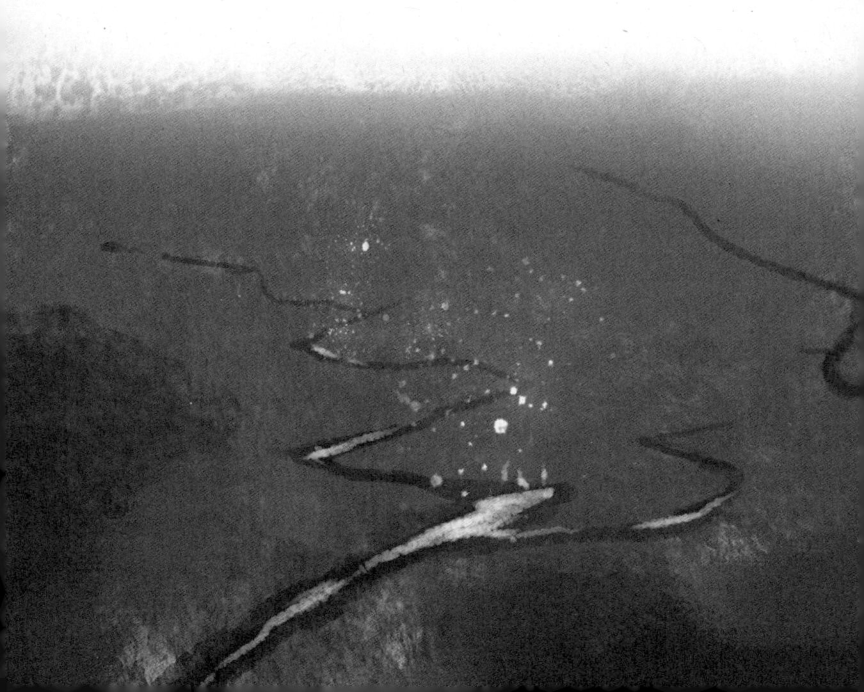

den Kopf, damit die ganzen Exterminator-Jungen ihn auch gut sehen konnten.

»H-H-Hicks gab Ohnezahn diesen A-A-Auftrag, weil er V-V-Vertrauen hat zu Ohnezahn ... Ohnezahn darf NICHT wieder Fehler machen«, redete Ohnezahn sich selbst Mut zu und betete, dass der Exterminator ihn im Regen nicht wittern würde. »Ohnezahn muss z-z-zack zugreifen ... diesmal h-h-hält Ohnezahn den St-st-stein«, und er übte das Zugreifen ein paarmal mit seinen kleinen Klauen, während er von oben herab auf den verführerisch glänzenden Stein zuflog.

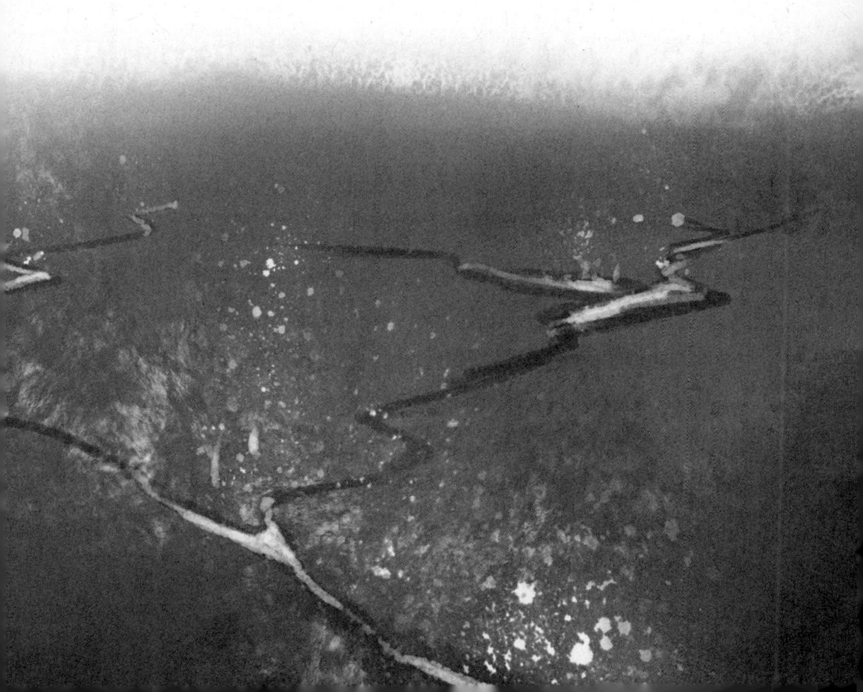

Ohnezahn schnellte nach vorn, als wollte er sich auf ein hübsches fettes Kaninchen stürzen. Seine Klauen schlossen sich um den Stein. Sie griffen zu … und hielten.

Alwin stieß einen spitzen Schreckensschrei aus, als seine Hand plötzlich ins Leere fasste.

Er wirbelte herum, doch vor lauter Qualm, Regen, Blitz und Donner konnte er nicht erkennen, wer oder was ihn angegriffen hatte.

Sein Schatz war weg.

Wie sollte Alwin auch ahnen, dass der wertvolle Stein nun zwischen den Klauen eines kleinen Drachen steckte, der damit todesmutig direkt ins Herz des explodierenden Vulkans hineinflog und den Stein fallen ließ.

Tiefer und immer tiefer fiel der wunderschöne Stein – wie eine golden schimmernde Träne, mitten hinein in ein Bett aus blubberndem, brodelndem Magma.

Ohnezahn startete senkrecht durch nach oben, flog aus dem Krater hinaus und versteckte sich vor lauter Angst, dass ihn die Exterminator-Drachen erspähen könnten, in einer dicken Rauchwolke.

Viele ungläubige Augenpaare verfolgten gebannt das dramatische Weltuntergangs-Schauspiel, dass dort hoch über ihren Köpfen seinen Lauf nahm. Es war wie eine Szene aus einem gigantischen kosmischen Theaterstück: Die mächtigen Gewitterwolken, die sich über ihnen auftürmten, der in schwarz glänzenden Schnüren auf sie herabströmende Regen, die grell aufleuchtenden Blitze, die sich direkt in den dampfenden Krater entluden.

Kamikazzi, Fischbein und Torben blickten unverwandt nach oben, während sie auf dem Rücken des Weißen Drachen hinunter zur Bucht flogen.

Haudrauf verfolgte das Geschehen von Bord des *Blauen Wals* aus, während er unter vollen Segeln, aber leider ein wenig zu spät, durch den strömenden Regen zur Rettung herbeieilte. Er war gerade nahe genug an die Lavabold-Insel herangekommen, um eine kleine schwarze Gestalt auszumachen, die – auf dem Rücken eines Drachen mit einer seltsamen hinkenden Lauftechnik, die ihm furchtbar vertraut vorkam – vor den Lavamassen floh …

»Das ist doch wohl nicht … Hicks?«, murmelte er nervös und starrte mit zusammengekniffenen Augen angestrengt durch die graue Regenwand. »Bitte, bitte, lass es NICHT Hicks sein …«

»Sieht ganz nach Hicks aus«, erklärte sein triefnasser rotznasiger Neffe neben ihm und grinste hämisch in sich hinein.

Hunderte von Räuberischen Raufbolden beobachteten das Schauspiel von Bord ihrer Schiffe aus, ebenso wie Hunderte von Sumpfdieben, die Bertha die Prallbusige mit der *Mächtigen Mama* losgeschickt hatte, um ihre Tochter zu suchen.

»Gleich hat die Lava sie eingeholt«, stöhnte Fischbein.

Es war, als spielte sich vor ihren Augen das Finale einer urzeitlichen Götterjagd ab: Vorneweg liefen die winzigen Gestalten von Hicks und dem Espenlaubler wie gehetztes Wild um ihr Leben. Hinter ihnen folgten die glühende Lava, dann, wie ein schwarzer Racheengel, der schreiende Alwin mitsamt den kreischenden Exterminator-Drachen. Schließlich leckte der erste Lavastrom an den Hinterläufen des Espenlaublers. Dem Drachen selbst machte das nicht viel aus, denn Drachenhaut ist, wie man weiß, feuerfest. Doch ein winziger, glühend heißer Funke traf Hicks' Ferse und er stieß einen solchen Schmerzensschrei aus, dass der Espenlaubler wie elektrisiert auf eine Geschwindigkeit beschleunigte, die ihn selbst überraschte und ihm beinahe das Herz aus der Brust riss.

Leider hatten sie immer noch gut ein Viertel des Abhangs vor sich.

»Das war's dann wohl. Ich kann gar nicht mehr hinsehen«, jammerte Fischbein und kniff beide Augen fest zu.

»Ich werde mich jetzt auf deinen Rücken stellen, Espenlaubler«, hauchte Hicks.

Er zitterte heftig und geriet bedrohlich ins Schwanken, als er erst einen, dann den anderen Fuß auf den Rücken des Drachen setzte.

»Okay«, sagte Hicks und warf einen Blick über die Schulter zurück, »mach dich bereit für den Aufprall.«

Die Lava unterspülte den Espenlaubler und er machte das Gleiche, was er bei jeder anderen Welle auch gemacht hätte: Er breitete seine Schwingen aus, die ihn knapp über der Lava in der Luft hielten.

»Bei Thor!«, japste Kamikazzi. »Du kannst die Augen wieder aufmachen, Fischbein, sieh dir das an! So was hab ich ja noch nie gesehen, einfach UNGLAUBLICH …«

»BEIM GÖTTLICHEN BART UND ACHSELHAAR DES GROSSEN WOTAN!«, rief Haudrauf der Stoische staunend.

»Ich glaub es nicht …«, stöhnte Rotznase. »Wie *macht* er das nur?«

Hicks der Hartnäckige vom Hauenstein der Dritte SURFTE mit leicht gebeugten Knien und weit ausgebreiteten Armen wie ein Wellenreiter auf dem Lavastrom.

Und ABWÄRTS ging's auf der glühend heißen Lava. Dabei diente ihm der Espenlaubler als Surfbrett, genau wie die Treibholzstücke, auf denen Hicks auf den Wellen der Langen Bucht als Kind so oft geübt hatte. – Natürlich sah es jetzt sehr viel professioneller aus, denn man konzentriert sich einfach besser darauf, das Gleichgewicht zu halten, wenn das Meer unter einem bei siebenhundertfünfzig Grad kocht.

Dank dieses heißen Wellenritts waren sie flugs am Ende des Berghangs angekommen.

Und in dem Moment, als sie den Rand der Klippe erreichten, nahm der Espenlaubler-Drache noch einmal

Schwung und SPRANG mit den Hinterläufen ab. Andernfalls wären sie von der Lava, die über die Felskante hinausschoss, mit in die Tiefe gerissen worden.

Solche Sprünge ins Ungewisse waren für Hicks nichts Neues. Sein ganzes Leben hatte bisher aus nichts anderem bestanden. Er hatte dabei immer auf sein Glück vertraut, denn er glaubte fest daran, dass das Universum letztendlich gütig war. – Das hatte er von Haudrauf, der

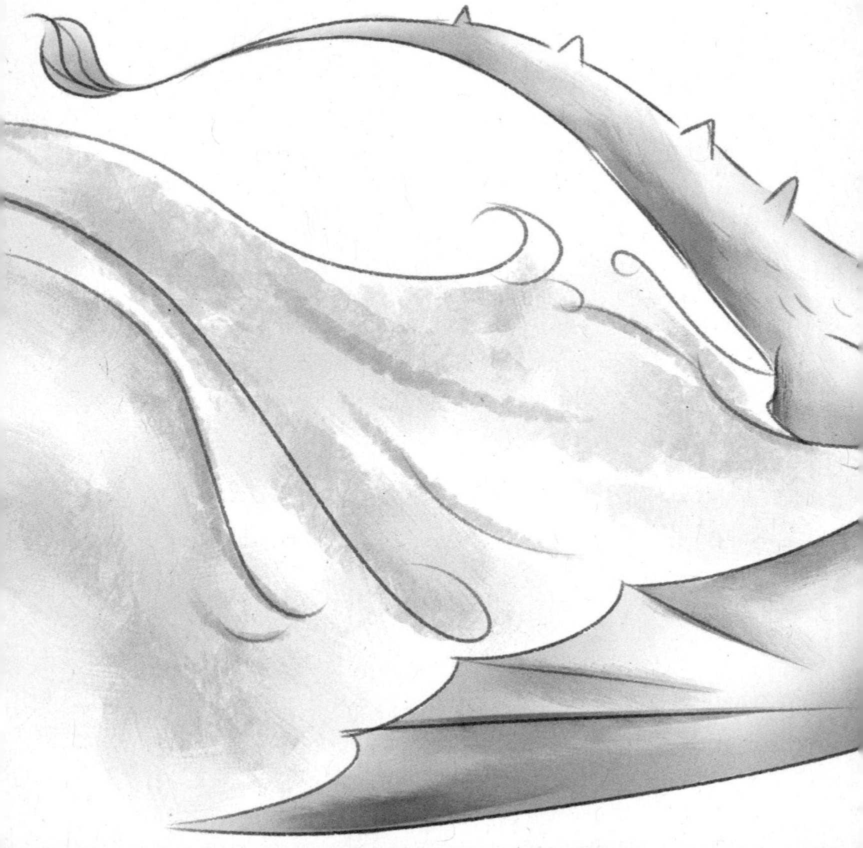

stets behauptete, die Welt sei ein »gutes«, kein »faules Ei«. – Und von irgendwoher würde sich immer eine helfende Hand ausstrecken und ihn retten.

Dieser Sprung war jedoch eher ein Verzweiflungssprung. Der Espenlaubler stieß sich mit letzter Kraft von der Klippe ab, gerade eben weit genug, um dem Sturzbach glühender Lava zu entkommen – und stürzte im nächsten Augenblick in die Tiefe. Zwar versuchte der Drache verzweifelt, den Sturz abzufangen, indem er seine Flügel weit ausbreitete. Aber eigentlich hätte er wissen müssen, dass sie dafür noch viel zu schwach waren. Und so klappten die Flügel in Sekundenschnelle nach hinten um wie ein Regenschirm bei Windstärke zehn.

Wie Steine stürzten der Drache und sein Reiter in die unter ihnen tobende See.

Als Hicks in das eiskalte Wasser eintauchte, schoss ihm der Gedanke durch den Kopf, dass das Universum *vielleicht und möglicherweise* doch kein so gutes Ei war. Sie schlugen mit einer solchen Geschwindigkeit auf die Wasseroberfläche auf, dass es sich anfühlte, als würden sie eine Eismauer durchbrechen.

*Jetzt weiß ich, was die Erwachsenen immer mit Realität meinen,* dachte Hicks, als er in den eisigen Wellen unterging. *Das muss diese unbarmherzige, gefühllose Kälte sein, bei der einem das Herz stehen bleibt.*

Und als er prustend und nach Luft schnappend wieder

an die Oberfläche kam, erwartete ihn eine noch härtere Realität: Direkt über ihnen kreiste eine schwarze Wolke hungriger Exterminator-Drachen. Sie verdunkelte den ganzen Himmel und gab grausame Freudenschreie von sich, als sie die beiden Köpfe aus dem Wasser auftauchen sah.

»DA IST ER!«, brüllte Alwin und sein Auge glühte wie ein böses Irrlicht, als er seinen Exterminator herumriss und zum letzten, endgültigen Angriff überging.

»FASST IIIIIIIIHN!«

Während im Hintergrund die zähe Lavamasse immer noch über den Klippenrand lief und mit wütendem Zischen dampfend ins Meer tropfte und während der schwarze Regen unaufhörlich herabrauschte, reckte die Exterminator-Brut die kleinen Köpfe wie spitze Schnäbel nach unten und schoss gierig auf die Wellen zu, die Schwertklauen weit nach vorn gestreckt, bereit zum alles vernichtenden Angriff.

*Das war's dann also,* dachte Hicks, schon halb betäubt von der lähmenden Kälte, als er sie kommen sah. *Nichts und niemand kann uns jetzt noch retten.*

*BUUUUUMMMMM!!!!!*

In dem Moment brach der Vulkan ein zweites Mal aus.

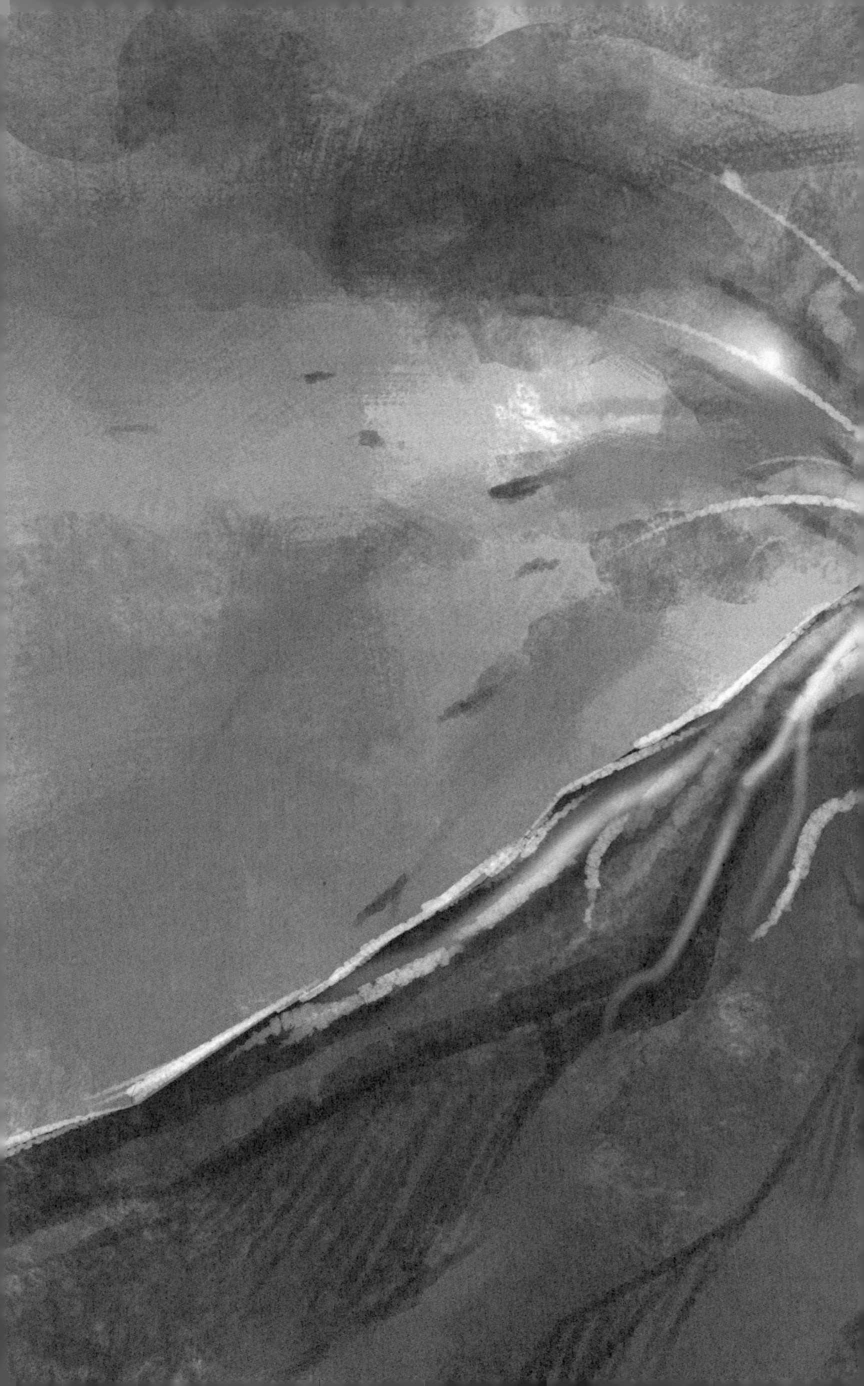

# 19. NOCH EINE INTERESSANTE FRAGE: IST DAS UNIVERSUM EIN GUTES ODER EIN FAULES EI?

Verwirrt hielten die Exterminator-Drachen bei ihrem Sturzflug auf halbem Weg inne, als um sie herum plötzlich das Meer, der Himmel und die ganze Insel ins Wanken gerieten.

Dieser Vulkanausbruch klang so ganz anders als der erste. Denn es war etwas geschehen, das noch nie da gewesen war: In der Hitze des Vulkans war der Feuerstein GEPLATZT.

Dies war eins der zahlreichen Geheimnisse des Feuersteins, das Hicks mithilfe von Alt Faltls Rätsel erraten hatte (und ich bin sicher, ihr als aufmerksame Leser und Zuhörer habt es auch erraten): Es handelte sich in Wahrheit gar nicht um einen Stein.

Es war ein Ei.

Das Ei des unsagbar seltenen Feuerdrachen. Und einer der Gründe, warum Feuerdrachen so extrem selten vorkommen, liegt darin, dass die Bedingungen, unter denen sie schlüpfen können, so gut wie nie erfüllt werden.

Denn nur bei der extremen Hitze und den Erschütterungen eines ausbrechenden Vulkans kann ein Feuer-Ei aufbrechen. Dabei sondert das Feuer-Ei geheimnisvolle Stoffe ab, die ein Ausbrechen des Vulkans VERHINDERN

… Zunächst einmal muss man sich ausmalen, wie ungeheuer groß ein Feuerdrache ist.

Dann muss man sich ausmalen, dass diese ganze unvorstellbare Größe in einem Ei zusammengepfercht ist, das kaum größer ist als der Kopf eines Menschen.

Das ist das Feuer-Ei.

Die Hülle dieses Feuer-Eis besteht aus so unsagbar hartem Material, dass sie erst bei einer Temperatur von mindestens siebenhundertfünfzig Grad weich wird und bricht. Normalerweise wird ein Feuer-Ei in einer Felsnische in den höheren Regionen eines Vulkankraters abgelegt, wo eine solche Temperatur nie erreicht wird.

Nur wenn es zufällig in das Herz des Vulkans hinabstürzt (oder wie in diesem Fall hineingeworfen wird), sinkt das Ei tief in die flüssige Lava ein. Nur dort ist die Hitze groß genug, dass die Schale aufbrechen kann.

Das dauert sechs oder sieben Minuten, also fast so lange, wie man ein Hühnerei hartkocht.

Wenn dann die Schale bricht, PLATZT der Feuerdrache mit unbeschreiblicher Wucht aus dem Ei und es gibt eine Art Miniatur-Urknall.

Den Feuerdrachen sahen die Exterminator-Drachen, die Wikinger, Hicks und Ohnezahn wie ein riesiges ETWAS aus dem Vulkankrater schießen und so hoch in den Himmel fliegen, dass es beinahe die Sterne berührte.

Unten an Deck des *Blauen Wals* musste Haudrauf seine Augen mit einem Arm abschirmen, denn der grelle

Schein der Explosion tat so weh wie ein direkter Blick in die Sonne.

»Was *ist* das?«, war alles, was Haudrauf herausbrachte. Torben, Kamikazzi und Fischbein, die sicher auf dem Deck des *Wanderfalken* gelandet waren, vergaßen angesichts dieses schaurig-schönen Schauspiels, welche Angst sie eben noch ausgestanden hatten.

Dieses ETWAS, das dort aus dem Vulkan hervorbrach, war ein DRACHE, der ganz aus Feuer gemacht schien. Er hatte schimmernde Muskeln und glühende Schuppen, feurige Krallen und rauchende Reißzähne.

Der Drache warf seinen flammenden Schädel zurück und stieß ein markerschütterndes Brüllen aus, das über sämtliche Inseln schallte. Selbst den Wikingern, die immer noch scharenweise Richtung Süden flohen und die mittlerweile kilometerweit entfernt waren, schlackerten noch die Ohren. Sprachlos standen sie auf ihren schaukelnden Schiffen und beobachteten, was sich in der Ferne am Horizont abspielte, während der Sturm unerbittlich den Regen aufs Meer peitschte.

Der Feuerdrache wandte seine riesigen rot-goldenen Feueraugen zur Erde hinunter und blieb an den Exterminator-Drachen hängen, die in großen zitternden Wolken unter ihm in der Luft erstarrt waren.

Und er wusste sofort, was DAS war: DAS war BEUTE.

Die Exterminator-Drachen wussten es auch.

Noch vor einer Minute waren *sie* die Jäger gewesen,

die ihre gierigen Krallen nach Hicks ausgestreckt hatten. Dann hatte um sie herum die Erde gebebt und gewackelt, als hätten die Götter neu gewürfelt. Und jetzt, als alles wieder ruhig war, waren *sie* auf einmal die Opfer.

Die Wikinger waren in der glücklichen Lage, Augenzeugen eines Schauspiels zu werden, wie es seit Hunderten und Aberhunderten von Jahren nicht mehr stattgefunden hatte. Ein Schauspiel, das ihnen auf dramatische Weise vor Augen führte, welch grandioses Gleichgewicht im Universum herrschte, auf dessen gute Absichten Hicks immer schon vertraut hatte.

Der Kampf wurde vor dem Hintergrund des tobenden Unwetters ausgetragen, das in diesen Minuten seinem Höhepunkt entgegensteuerte. Thors Donnergrollen erschütterte aufs Herrlichste die blauschwarzen Gewitterwolken. Immer wieder zuckten grelle, blendend weiße Blitze auf und beleuchteten das Drama, bevor die Dunkelheit es wieder verschluckte.

Hicks ließ sich in der eisigen See auf dem Rücken treiben und beobachtete die Schlacht, die hoch über ihm am Himmel tobte. Die Exterminator-Drachen hatten ungefähr die gleichen Überlebenschancen wie ein Schwarm kleiner Fische, die bei Ebbe in einer Bucht eingeschlossen wurden und einem hungrigen Hai ausgeliefert sind.

Kreischend stoben die Exterminator-Drachen über den sturmgepeitschten Himmel. Kreuz und quer hetzten sie in großen Gruppen mal in die eine, mal in die andere

Richtung. Dann brach der flüchtende Drachenschwarm unter den zuckenden Blitzen auseinander und fand wieder zusammen. Dieses Schauspiel wiederholte sich immer und immer wieder, bis die Exterminator-Drachen sich in die letzte Ecke, den letzten Winkel des Horizonts geflüchtet hatten.

Doch so schnell und so weit sie auch flogen, sie entkamen dem Feuerdrachen nicht.

Dabei bewegte sich der Feuerdrache die ganze Zeit keinen Zentimeter von seinem Platz auf der Spitze des Vulkans. Er brauchte nur einmal mit seinen riesigen Armen auszuholen und schon schlangen sie sich wie geschmeidige Feuerlianen um ganze Scharen von Exterminator-Drachen, die er schaufelweise in seinen schwelenden Schlund warf und genüsslich verspeiste.

Er spielte mit ihnen Katz und Maus. Immer wenn die Verfolgten glaubten, sie wären ihm entwischt, fing er sie schließlich doch mit seiner brennenden Zunge wieder ein.

Der Feuerdrache verschlang sie alle. Zu Tausenden warf er die zappelnden Bestien in sein Maul, fischte sie aus ihren Verstecken in den Rauchwolken, schlürfte sie unter zufriedenem Schmatzen in sich hinein …

… bis nur noch ein einziger übrig war, der in hektischem Zickzackkurs wie eine wild gewordene Hornisse über den Himmel raste.

Es war der Exterminator, auf dessen Rücken Alwin saß.

»Du wirst noch von mir hören, Hicks der Hartnäckige vom Hauenstein der Driiiiiitte!«, schrie Alwin der Verräter wie von Sinnen (allerdings war er so weit weg, dass Hicks ihn nicht hören konnte). Plötzlich packte der Feuerdrache Alwins Exterminator bei dem Speer, der noch in seiner Brust steckte. Gekonnt drehte er den Speer, der aussah wie ein Cocktailstäbchen mit einem zappelnden Wurm, zwischen zwei seiner flammenden Finger … und verschlang ihn mit einem Happs. Die Wikinger hielten den Atem an. Würden sie die Nächsten auf seiner Speisekarte sein?

Aber nein, der Feuerdrache war zwar ein Fleischfresser, aber er ernährte sich *ausschließlich* von Exterminator-Drachen. Zum Abschluss stieß er eine Mischung aus Triumphgebrüll und zufriedenem Rülpser aus und fand, es wäre Zeit für ein Verdauungsschläfchen.

Dann schwang er sich in einem hohen Bogen in den Himmel hinauf, um gleich darauf in einem rasenden Sturzflug wieder im Krater des Vulkans zu verschwinden. Das Letzte, was man von ihm sah, war sein peitschender Schwanz, der neue Lavawellen über den Kraterrand schwappen ließ, die sich zu allen Seiten über die Berghänge ergossen. Währenddessen tauchte der Drache tiefer und tiefer – wer weiß, wohin?

Vielleicht bis zum Mittelpunkt der Erde?

Vor meinem inneren Auge sehe ich ihn dort in seinem heißen Bad fröhlich herumschwimmen wie einen Delfin und seine Freiheit genießen.

Es blitzte und donnerte noch zwei Mal ohrenbetäubend, bevor das Rollen des Gewitters in der Ferne verhallte … Dann folgte erhabene Stille.

Der Vulkan spuckte immer noch halbherzig seine Lava aus. Der Regen ließ allmählich nach. Aus der Sintflut wurde ein Wolkenbruch, dann ein Nieseln, bis es schließlich ganz aufhörte und nur noch vereinzelte Tropfen vom Wind herangeweht wurden.

Und es war doch BESTIMMT GANZ, GANZ sicher, dass sogar ein Kämpfer wie Alwin der Verräter es wohl kaum schaffen würde, sich schwimmend aus den kochend heißen Fluten im Inneren der Erde zu retten …

Das Gewitter verzog sich Richtung Festland und die Sonne brach wieder durch die Wolken. Und plötzlich war auch die seltsame brütende Hitze verschwunden. Die Sonne brannte nicht mehr wütend und erbarmungslos auf das Archipel nieder, wie sie es in den letzten drei Monaten getan hatte. Stattdessen schien sie nun freundlich und wohlwollend auf die Barbaren-Inseln herab und eine sanfte kühle Brise begleitete ihre lauwarmen Strahlen.

Ein tiefer Seufzer, ein zufriedenes Murmeln erhob sich aus den Reihen der Wikinger, die von Bord ihrer Schiffe Richtung Süden blickten. Irgendjemand fing an zu klatschen und bald applaudierten sie alle, als hätten sie soeben ein großartiges Theaterstück gesehen.

»Bravo!«, schrie Hinkebein der Dickschädel und trampelte begeistert mit den Füßen. »BRAVO!!!«

Und nach und nach folgten die anderen Wikinger seinem Beispiel. Sie jubelten und klatschten, bevor sie die Segel setzten und sich wieder auf den Weg in ihre Heimat machten, zurück zu ihren kleinen Dörfern und Hütten in den Sümpfen, die wie durch ein Wunder vor dem Untergang bewahrt worden waren.

»Er LEBT!«, schrie Haudrauf der Stoische und riss den

Nächstbesten – zufälligerweise wieder einmal seinen rotznasigen Neffen – in seine kräftigen Arme. »Er ist am LEBEN!«

»JA, das dumpfe Gefühl habe ich auch«, sagte Rotznase Rotzgesicht zähneknirschend. »Welch erfreuliche Nachricht.«

# 20. DER VORHANG FÄLLT

Kamikazzi, Torben der Teufelskerl und Fischbein mussten mit dem *Wanderfalken* quer über die Bucht segeln, um Hicks aufzufischen. Mittlerweile hatten auch Haudrauf auf seinem *Blauen Wal* und Berta die Prallbusige auf ihrer *Mächtigen Mama* die Insel erreicht. Der Espenlaubler-Drache flog ihnen entgegen, um sie zu Hicks zu führen. Allein hätten sie in der immer noch aufgewühlten See niemals seinen kleinen Kopf mit dem schief sitzenden Helm gefunden.

Sie machten sich die allergrößten Sorgen, denn das Meer im Barbaren-Archipel ist furchtbar kalt und es wäre nicht das erste Mal gewesen, dass sich jemand zu Tode friert, weil er zu lange in dem eisigen Wasser herumgeschwommen ist.

Aber Hicks ging es eigentlich gar nicht so schlecht. Denn durch die von den Klippen ins Meer tropfende heiße Lava hatte das flache Wasser in der Bucht schnell eine angenehme Schwimmtemperatur erreicht.

Hicks ließ sich ganz entspannt auf dem Rücken treiben und von den warmen Wellen sanft hin und her schaukeln, während er in den blauen Himmel blickte und dachte, wie herrlich es doch war, am Leben zu sein.

Ohnezahn hatte sich die ganze Zeit in den schwefelgelben Rauchwolken über dem Vulkan versteckt gehalten und vor lauter Angst kaum gewagt, auch nur einen kurzen Blick zu riskieren.

Irgendwann stellte er jedoch zu seiner Beruhigung fest, dass alle Exterminator-Drachen exterminiert, also ausgerottet, waren. Und als er merkte, dass der Feuerdrache es anscheinend nicht auf ihn abgesehen hatte, schwirrte Ohnezahn wie ein kleiner grüner Schmetterling von seiner Wolke herab in die Bucht. Er war auch der Erste, der Hicks im warmen Wasser erspähte.

»Ohnezahn h-h-hat den Stein in den Vulkan geschm-m-m-missen!«, stotterte der kleine Drache aufgeregt, als er plötzlich wie aus dem Nichts auftauchte und auf Hicks' Kinn landete.

»G-g-ganz ALLEIN!«

Nachdem Hicks vor Überraschung kurz untergegangen

war und etwas Meerwasser gespuckt hatte, streichelte er den Rücken des kleinen Drachen, während Ohnezahn ihm mit seiner kleinen gespaltenen Zunge übers Gesicht leckte.

»Du«, sagte Hicks und sah zum Himmel hinauf, während die beiden auf den Wellen im Kreis trieben, »du bist ein wahrer Held, Ohnezahn.«

Daraufhin reckte Ohnezahn sein spitzes Schnäuzchen hoch in die Luft und stimmte sein schönstes Triumphkrähen an. Als die anderen ihn schließlich auch gefunden hatten und ihn aus dem Wasser zogen, kam ihnen Hicks erstaunlich ruhig und entspannt vor.

»Bist du irgendwie verletzt oder so?«, fragte Fischbein besorgt.

»Nee, ich hab mir nur die Hacke verbrannt, das ist alles«, sagte Hicks grinsend.

»THOR SEI DANK!«, brüllte Haudrauf erleichtert und stolz und zerquetschte seinen Sohn beinahe in seinen kräftigen haarigen Armen. »MEIN SOHN! Es tut mir ja so leid, dass ich an dir gezweifelt habe! Wir haben uns von diesen Extermi-Dingsdas nicht kleinkriegen lassen, was? Nein, bei Wotan und Freyas herrlich sprießendem Achselhaar! Wir haben ihnen die kleinen Extermi-Dingsbums-HINTERN versohlt, dass ihnen Hören und Sehen vergangen ist. In dir steckt der wahre Geist der Hartnäckigen vom Hauenstein, NIEMALS AUFGEBEN! Und bei Thors Heiligem Rüstgürtel, wir haben NICHT

AUFGEGEBEN! Ich kann es kaum erwarten, deiner Mutter Valhallarama alles zu erzählen ... Und ich muss zugeben, Torben, ich stehe tief in Eurer Schuld.«

Er schenkte dem ach-so-perfekten Helden, der blutbefleckt, aber zufrieden auf Deck saß, ein Lächeln, dem man die winzige Spur von Widerstreben kaum noch anmerkte.

»Es war doch eine wunderbare Idee von mir, Euch zum Bardigard meines Sohns zu machen!«

Hicks hatte Torben den Teufelskerl nie so glücklich gesehen. Eine große Last schien von ihm abgefallen zu sein. Er schälte sich den Helm seines Feuerschutzanzugs vom Kopf und lockerte mit den Fingern seinen lichterwerdenden-aber-immer-noch-hübschen goldblonden Haarschopf.

»Nun ja, ich hatte ganz vergessen, welchen Spaß diese Heldentaten machen. Ich habe mich blendend amüsiert«, erklärte Torben der Teufelskerl beschwingt. »Und ich finde, dafür dass ich jetzt schon fünfzehn Jahre aus dem Heldengeschäft raus bin, habe ich mich gar nicht so schlecht geschlagen. Ich bin vielleicht ein bisschen aus der Übung, aber alles in allem war es kein schlechter Versuch ...«

»Ihr wart FANTASTISCH!«, rief Hicks aus. »UNGLAUBLICH! BRILLANT!«

Haudraufs Lächeln gefror hinter seinem struppigen Bart. Doch dass der Kerl Hicks das Leben gerettet hatte, war nicht abzustreiten. Ein Wikingerhäuptling musste auch mal über seinen Schatten springen können, auch wenn es ihm kolossal gegen den Strich ging. »Gute Arbeit, Torben, ehrlich. Nennt mir einen Preis, wie kann ich Euch belohnen? Was ich habe, gehört Euch, irgendetwas, Torben, Ihr müsst es nur sagen …«

»Ach, das ist sehr freundlich von Euch«, sagte Torben. »Nun ja, wenn Ihr wirklich darauf BESTEHT, mich zu belohnen, es gäbe da eine Sache, die ich gern hätte, Haudrauf …«

»Ja?«

»Euer Schiff, den *Wanderfalken.* Ich habe nämlich vor, ein neues Leben anzufangen, gleich hier und jetzt. Und dazu brauche ich ein schönes schnelles Schiff wie Eures, um so schnell wie möglich von hier zu verschwinden.«

»Seid Ihr wirklich sicher?«, fragte Haudrauf mit gemischten Gefühlen. Einerseits war er natürlich erleichtert, dass dieser ach-so-brillante Torben ihm nicht länger auf die Nerven gehen würde, andererseits war der *Wanderfalke* aber auch sein absolutes Lieblingsschiff.

»Ich bin mir ganz sicher«, sagte Torben fest. »Wenn man ein neues Leben beginnen möchte, sollte man es GLEICH tun.«

Torben lächelte Hicks zu und klopfte ihm auf die Schulter.

»Ich danke dir, Hicks, dafür dass du mein Rubinherz gefunden hast. Es hat mir in der Vergangenheit sehr viel bedeutet, aber ab jetzt werde ich nur noch in die Zukunft blicken und möchte, dass du es bekommst.«

Damit streifte er das Armband mit dem Rubinherz ab und reichte es Hicks.

»Ab sofort stürze ich mich wieder ins Heldenleben!«, verkündete er. Dabei warf er sein Schwert von der rechten in die linke Hand, nahm die Streitaxt dazu und

jonglierte mit beiden. Dann ließ er das Schwert auf der Fingerspitze balancieren und schwungvoll wieder in der Scheide verschwinden. »Ich hatte ganz vergessen, wie gut es sich anfühlt!«

Dann sog er die frische Meeresluft tief in sich hinein. »Ich muss schon sagen, das ist ein perfekter Tag für den Start in ein neues Leben.«

Letzteres rief er von seinem Schiff über die Wellen zu ihnen hinüber. Er war bereits so weit weg, dass Hicks seine Worte gerade eben noch verstehen konnte.

»Und grüß deine Mutter von mir, Hicks!«

Hicks schrie zurück, das werde er machen.

»Und danke, dass du mir meine Gabe wiedergegeben hast!«

»Welche Gabe?«, rief Hicks.

»Das Singen!«, rief Torben. »Es ist so eine Freude, endlich wieder zu musizieren!«

Und dann sang er.

Diesmal war es nicht das Lied, das Hicks' Mutter immer gesungen hatte, als Hicks noch ein Kind war.

Es war ein vollkommen neues Lied.

Torben richtete sich zu voller Größe auf, warf sich in die Brust und dann gab er wirklich *alles*. Er schmetterte aus vollem Halse, laut und unsagbar falsch. Es klang wie ein mehrstimmiger Chor quiekender Warzenschweine.

Hicks, Ohnezahn, Kamikazzi und Fischbein, die schon vorher in den Genuss von Torbens neuer Stimmgewalt gekommen waren, hielten sich vorsichtshalber mit den Händen und Flügeln die Ohren zu, bevor er den ersten Ton anstimmte.

*»Den Helden kümmert kein wütender Wintersturm,*
*Denn er trägt ihn wie auf Flügeln davon.*
*Mag auch alles verloren sein und das Herz so schwer,*
*Ein Held ist er und kämpft* WIE EIN BÄR!«

Doch für Haudrauf den Stoischen war es das erste Mal. Ihm fiel für eine Weile die Kinnlade herunter. Dann grinste er übers ganze Gesicht.

Welch freudige Überraschung!

Offensichtlich konnte selbst ein Torben der Teufelskerl nicht in ALLEM perfekt sein.

»Nun«, sagte er und rieb sich zufrieden die Hände. »Ich glaube, das kriegen wir besser hin, oder was meint ihr, Männer?«

»UND OB!«, grölte Grobian der Rülpser und von Sackasch dem Bierbauch und Heini Hirnlos kam ein stolzes »DARAUF KANNST DU WETTEN!«.

»ALSO DANN: ALLE ZUSAMMEN!«, schrie Haudrauf.

Und dann sang der ganze Raufbold-Stamm aus vollem Herzen und aus voller Kehle. Tief tönend und mitreißend erfüllte ihr inbrünstiger Gesang den friedlichen Nachmittag.

*»Hoch die Schwerter, wir trotzen jeder Böe,*
*wir reiten die raue See, auf den wildesten Wellen, juchhe!*
*Wir lieben die raue See, besonders bei Eis und Schnee!*
*Denn Raufbolde haben heisse Herzen*
*und kennen keine Schmerzen!!!«*

Der *Blaue Wal* drehte seine Nase in den Wind und trug Haudrauf, Fischbein, Hicks, den Espenlaubler und die Raufboldkrieger Richtung Osten.

Den Strahlen der Sonne folgend segelten sie der kleinen Insel Berk entgegen, dem ruhigen und vielleicht etwas unscheinbaren Inselchen, auf dem es Raufbolde geben wird, solange der Stiefel ihres Urahnen, des Großen Zottel, dort im Sumpf begraben liegt.

Wie ein Echo erklang das Lied der Sumpfdiebe, die mit Kamikazzi und Berta der Prallbusigen auf der *Mächtigen Mama* Richtung Süden steuerten. Leiser und leiser wehte der Gesang über die Wellen, bis er in der Ferne verhallte.

*»Unsere mächtige Brust macht jeden Feind ganz zahm,*
*Unsere mächtigen Zöpfe erdrosseln den stärksten Orkan.*
*Flinke Finger graben den Torf Stich um Stich,*
*Sumpfdiebe halten zusammen auf immer und ewig!!!«*

Hicks stimmte nicht in das Lied der anderen ein.

Er stand an Deck des *Blauen Wals,* den schlafenden Ohnezahn auf dem Kopf, den Espenlaubler-Drachen dicht neben sich, und sah zu, wie der winzige Punkt des *Wanderfalken* kleiner und kleiner wurde, während er Richtung WESTEN davonsegelte, unbekannten Ländern und neuen Abenteuern entgegen. Unerhörte Sagen von Wagemut und Heldentum würden noch in ferner Zukunft von ihnen berichten, davon war Hicks felsenfest überzeugt. Selbst als vom *Wanderfalken* nur noch ein kleiner schwarzer Punkt am Horizont zu sehen war, bildete Hicks sich ein, noch immer die schiefen Töne von Torbens Gesang zu hören.

*»Den Helden kümmert kein wütender Wintersturm,*
*Denn er trägt ihn wie auf Flügeln davon.*
*Mag auch alles verloren sein und sein Herz so schwer,*
*Ein Held ist er und kämpft* WIE EIN BÄR!«

Torben der Teufelskerl war wieder im Geschäft.

# DER ALTE MANN IM BRUNNENLOCH

Stunden später hockte immer noch ein alter Mann in einem tiefen Brunnenloch.

Er hatte gehört, wie in weiter Ferne unter lautem Getöse der Vulkan ausgebrochen war. Später mischten sich Geräusche eines Gewitters darunter, aber natürlich konnte er nicht sehen, was dort vor sich ging.

Der alte Mann hockte in der Dunkelheit und betete inständig, dass alles wieder gut werde.

*Bitte, lass alles gut werden … Bitte, lass alles gut werden … Bitte, lass es gut werden …*

Stundenlang saß er unbeweglich da und wartete auf ein Zeichen.

Und endlich erblickte er zu seiner grenzenlosen Erleichterung in dem blauen Kreis über ihm die lachenden Gesichter eines Mannes und eines Jungen.

Der Junge rief: »Du kannst wieder raufkommen, Großvater. Ich hab dir ja gesagt, dass ich alles wieder in Ordnung bringen werde.«

»Ich habe immer gewusst, dass du es schaffen wirst«, sagte der alte Mann, der endlich seine Sprache wiedergefunden hatte. »Jedenfalls … glaube ich, dass ich es wusste …« Und der Junge half ihm die Leiter hinauf, zurück ins Licht.

# NACHWORT VON HICKS DEM HARTNÄCKIGEN VON HAUENSTEIN DEM DRITTEN, DEM LETZTEN ALLER GROSSEN WIKINGERHELDEN

Menschenherzen sind nicht aus Stein. Thor sei Dank.

Sie können zerbrechen und wieder heilen und weiterschlagen.

Mit meiner Mutter habe ich nie über Torben den Teufelskerl gesprochen und auch sie hat seinen Namen nie erwähnt.

Sie kam von ihrer Abenteuerreise zurück und mein Vater wuselte um sie herum und erzählte ihr aufgeregt die ganze Geschichte mit dem Vulkan. Er erzählte, wie das Barbaren-Archipel um ein Haar von diesen »verdammten Extermi-Dingsdas« ausgelöscht worden wäre. »*Du* hättest es ihnen gezeigt, Wally-Schätzchen, oh, wie gut hätten wir deine Hilfe gebrauchen können. Aber wir haben immer an deinen Wahlspruch gedacht: *Niemals aufgeben!* Und das haben wir auch nicht, was, Hicks?«

Ich habe sie genau beobachtet. Denn irgendwann kam mein Vater zu der Stelle, als Torben der Held plötzlich wie aus dem Nichts aufgetaucht war, nach all den Jahren und wo doch alle geglaubt hatten, er wäre längst tot. Und als mein Vater sagte, dass Torben gerade im rechten

Augenblick gekommen war, um das Leben ihres Sohnes zu retten – an der Stelle beugte sich meine Mutter plötzlich sehr schnell nach unten, um die Beinriemen ihrer Rüstung zurechtzuziehen.

Sie verbrachte eine ganze Weile damit, diese Beinriemen festzuziehen, und als sie sich wieder aufrichtete, war ihr Gesicht zwar leicht gerötet, aber vollkommen entspannt. Sie küsste meinen Vater lächelnd auf die Wange, dann sagte sie: »Ganz recht, mein kleines Haudraufchen, niemals aufgeben. Ist es nicht langsam Zeit fürs Abendessen?«

Wer weiß, was sie damals gefühlt hatte, damals als Torben nicht von seinem Heldenabenteuer zu ihr zurückgekehrt war. Vielleicht hatte auch sie nächtelang aus ihrem Fenster aufs Meer hinausgestarrt und ihn herbeigesehnt und die ganze Zeit gehofft und gewartet, dass er zu ihr zurückkehrte.

Aber er war nie gekommen.

Ich erinnere mich an einen besonderen Moment, viele, viele Jahre später. Ich war mittlerweile ein erwachsener Mann und meine Mutter schon eine etwas betagtere Frau. Meine Mutter war gerade dabei, auf ihren Reitdrachen zu steigen und zu einem weiteren Heldenabenteuer aufzubrechen. Was ihr schon etwas schwerfiel, denn obwohl sie schon längst Großmutter geworden war, bestand sie immer noch darauf, eine volle Rüstung zu tragen.

Ich weiß noch, wie es in ihren Gelenken knirschte und krachte, als sie auf den Rücken ihres Drachen kletterte, während sie die beiden armen Krieger, die versuchten, ihr zu helfen, anschnauzte: »Ich *brauche* eure Hilfe nicht. Ich kann das *sehr wohl* noch alleine schaffen.«

Habe ich es nur geträumt oder war, als sie sich unbeholfen auf den Drachen schwang, tatsächlich etwas aus ihrem Ausschnitt gerutscht? Und hatte dieses Etwas nicht einen Sonnenstrahl aufgefangen und mir zugezwinkert, mit einem kleinen rötlichen Zwinkern?

Ich *glaube,* ich habe damals das halbe Rubinherz, das an einer dünnen Goldkette um ihren Hals hing, gesehen.

Nur für den Bruchteil einer Sekunde leuchtete es auf, dieses Zwinkern ihres halben Herzens, das sie sonst so gut behütete. Sobald sie sicher auf ihrem Drachen saß, nahm sie Was-immer-es-war und stopfte es zurück unter ihre Rüstung.

Dann klappte sie das Visier herunter, sodass ihr reifes Großmuttergesicht dahinter verschwand und nur noch ihre Augen zu sehen waren. An ihnen schien die Zeit spurlos vorübergegangen zu sein, denn sie waren immer noch von demselben strahlenden Blau, das einst Torben so verzaubert hatte.

»Hossa!«, rief meine Mutter in jugendlichem Übermut und Vorfreude auf das bevorstehende Abenteuer. Dann stieß sie ihrem Drachen die Hacken in die Seite und schwang sich in die Lüfte.

Ich sah ihr nach, dieser hochgewachsenen Gestalt, die in voller Rüstung aufrecht auf dem Rücken ihres Drachen thronte, das kampfbereite Schwert noch immer hoch erhoben und fest in der Hand. Die langen weißen Haare flossen unter ihrem Helm hervor bis auf die Schultern. Sie wurde kleiner und kleiner, bis sie schließlich in den Wolken verschwand, und ich hörte nur noch, wie der Wind das Echo ihrer Stimme zu mir trug: »Auf in den Kampf!«

Ich habe sie nie wiedergesehen.

Noch am selben Nachmittag starb sie auf dem Schlachtfeld, mit sechsundsiebzig Jahren, mitten im Kampf.

Sie war eine große Heldin, meine Mutter.

# DAS ARMBAND

Ich setzte den Teil des Rubinherzens, der meiner Mutter gehört hatte, in das andere Auge des Drachenarmbands ein. So waren die beiden Hälften wieder vereint.

Ich habe zuerst gezögert, das Armband zu tragen. Schließlich war es lange Zeit im Besitz von Alwin dem Verräter. Aber dann sagte ich mir, dass Alwins und mein Schicksal so eng miteinander verwoben waren, dass es unmöglich war, sie zu trennen.

Wenn Alwin Torbens Hälfte des Rubinherzens nicht gestohlen hätte, wären die Herzen von Valhallarama und Torben nie gebrochen.

Meine Mutter hätte nie meinen Vater geheiratet.

Und ich, Hicks, der Schluckauf, der Störenfried, WÄRE NIE GEBOREN WORDEN.

Und durch eine seltsame, unerwartete Wendung des Schicksals war ich, Hicks der angeblich Nutzlose, rein zufällig zu Alwins Racheengel geworden. Durch mich hat er mit seinen niederträchtigen Machenschaften am Ende nur eins erreicht: seinen eigenen Untergang.

Seht ihr, wie eng Gut und Böse ineinander verschlungen sind? Wie ein goldenes Drachenarmband, das sich um einen Arm windet.

Das Drachenarmband, das Torben aus Liebe und Dankbarkeit in der Hölle des Lavabold-Gefängnisses geschaffen hat, ist ein wahres Meisterwerk. Denn Torben war ein weit besserer Goldschmied als ein Sänger.

Und so schlängelt sich der goldene Drache noch heute um meinen Arm, die schimmernden Drachenflügel nach hinten gefaltet, als wollte er sie in jedem Moment ausbreiten und davonfliegen. Und jetzt, wo die Rubinhälften die goldenen Augenhöhlen ausfüllen, erkennt man nicht mehr, dass sie eigentlich die Form einer Träne haben. Im Gegenteil, die Augen scheinen zu lachen, nicht zu weinen.

Mich erinnert es für immer daran, dass der Mensch selbst in seiner dunkelsten Stunde fähig ist, etwas Wundervolles zu erschaffen.

Ich habe dieses Armband mein ganzes Leben lang getragen.

War das wirklich und wahrhaftig das Letzte, was wir von Alwin dem Verräter gesehen haben? Sicher war es das, denn nicht einmal so jemand wie ALWIN würde aus den kochend heißen Fluten im Inneren der Erde ins Leben zurückschwimmen können, oder? Oder etwa doch???

Ich habe das seltsame Gefühl, dass es möglicherweise doch nicht das Letzte war, was wir von diesem unbeschreiblich widerstandsfähigen Schurken gesehen haben ...

Passt auf, was im nächsten Band der Memoiren von Hicks dem Hartnäckigen passieren wird …

## Drachenzähmen leicht gemacht. Handbuch für echte Helden

# KARTE DES BARBARENARCHIPELS

## WÄHREND DES HEISSESTEN SOMMERS SEIT 100 JAHREN

### DER ALTE MANN IM BRUNNENLOCH

Die Omen sind nicht gut, der Vulkan ist erwacht,
die Exterminatoren schlüpfen aus ihren Eiern,
und fliegen durch die Träume eines alten Mannes,
der glaubt, es sei alles seine Schuld.
So sitzt er nun in einem Brunnenloch, um seine
Schuld zu sühnen, und um dem Schicksal nicht in
die Quere zu kommen, so wie er es einst, vor
VIELEN Jahren, getan hat.
Er wird erst herauskommen, wenn alles vorbei ist,
wenn alles für immer vorbei ist, oder er wird für
immer verstummen.

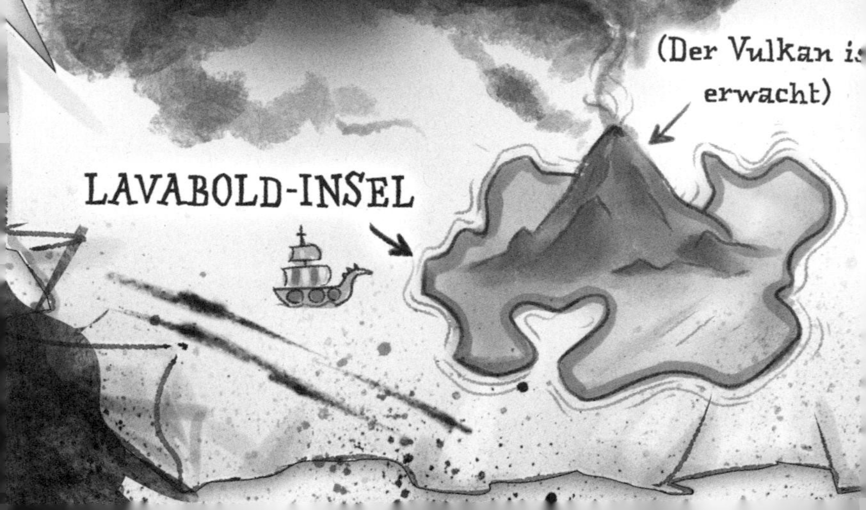

DIE INSEL BERK
IST BEDROHT
WIE KANN MAN
VERHINDERN, DASS EIN
VULKAN AUSBRICHT??

Arena

John August

# Arlo Finch

## Im Tal des Feuers

Irgendwas stimmt nicht in Pine Mountain. Das merkt Arlo Finch sofort, als er mit seiner Familie in das abgeschiedene Bergdorf zieht. Was hat es mit den merkwürdigen Tieren auf sich, die ihm immer wieder am Waldrand auflauern, und was mit dem Mädchen, das niemand außer ihm sieht? Zum Glück findet Arlo in Indra, Henry Wu und den ortsansässigen Rangern Freunde, die sich bestens auskennen mit den Geheimnissen der Langen Wälder, mit Schutzzaubern und den Gefahren der Wildnis.

312 Seiten • Taschenbuch • ISBN 978-3-401-51230-3
Auch als E-Book und Hörbuch bei Arena audio erhältlich • www.arena-verlag.de

Arena

Katja Brandis

# Seawalkers

## Gefährliche Gestalten

Für Tiago ist es ein Schock, als er herausfindet, dass er ein Gestaltwandler ist. Und was für einer: In seiner zweiten Gestalt als Tigerhai wird er sogar von seinen Mitschülern gefürchtet. Einzig das fröhliche Delfinmädchen Shari hat keine Angst vor ihm. Doch ihre Freundschaft wird bereits beim ersten großen Abenteuer, das sie an der Blue Reef High erwartet, auf die Probe gestellt.

**Band 1:**
296 Seiten • Gebunden
ISBN 978-3-401-60612-5
Beide Titel auch als E-Book und als Hörbuch bei Arena audio erhältlich

## Rettung für Shari

Tiago ist glücklich, dass er erst mal an der Blue Reef High bleiben darf, auch weil er in Delfinwandlerin Shari eine Freundin gefunden hat. Die kann der junge Haiwandler gut gebrauchen, denn nicht alle sind glücklich über seine Anwesenheit. Als Shari in große Schwierigkeiten gerät, setzt Tiago als Mensch und Hai alles auf eine Karte, um sie und ihre Delfinfreunde zu retten.

**Band 2:**
312 Seiten • Gebunden
ISBN 978-3-401-60613-2
www.arena-verlag.de

Katja Brandis

# Woodwalkers

978-3-401-51225-9

## Carags Verwandlung (1)

Halb Mensch, halb Berglöwe, ist Carag in der Wildnis der Rocky Mountains aufgewachsen. Als er von der Clearwater High erfährt, einem geheimen Internat für Woodwalker wie ihn, verspürt er ein Gefühl von Heimat. In Holly, einem frechen Rothörnchen, und Brandon, einem schüchternen Bison, findet er Freunde. Und die kann Carag gut gebrauchen.

978-3-401-51169-6

## Gefährliche Freundschaft (2)

Das neue Schuljahr auf der Clearwater High beginnt. Voller Begeisterung stürzt Carag sich in die ersten Lernexpeditionen mit seinen Freunden. Doch nicht jeder ist glücklich über die Aktivitäten des jungen Puma-Wandlers. Sein ehemaliger Mentor Andrew Milling hat Rache geschworen und plötzlich fühlt Carag sich auf Schritt und Tritt beobachtet …

978-3-401-51214-3

## Hollys Geheimnis (3)

Nach seinem letzten Kampf gegen den rachsüchtigen Andrew Milling ist Pumajunge Carag glücklicher denn je, Brandon und Holly an seiner Seite zu wissen. Doch seit ihr neuer Vormund droht, Holly von der Schule zu nehmen, benimmt sie sich äußerst seltsam. Als sich merkwürdige Diebstähle ereignen, ist Carag sofort in Alarmbereitschaft.

**Jeder Band:**
Arena Taschenbuch
Auch als E-Books und Hörbücher bei Arena audio erhältlich
www.arena-verlag.de